反垄断罚款指南

ANTITRUST FINE GUIDELINES

王健 主编

法律出版社 LAW PRESS·CHINA

前　言

罚款是反垄断法最常用的制裁方式。我国反垄断罚款自设定以来，在应用过程中呈现良性的发展态势，很好地维护了市场的公平竞争，也向国际社会充分展示了反垄断罚款的“中国风格”。2019 年我国开始启动《中华人民共和国反垄断法》(以下简称《反垄断法》)的修订工作，罚款制度是社会最为关注的问题之一。

从国际层面来看，反垄断罚款制度的演进大抵上经历了粗犷型罚款和精细化罚款两个阶段。第一阶段的反垄断罚款是一种粗犷型反垄断罚款。这个阶段的反垄断罚款通常表现为：罚款的裁量权过大，罚款具有很大的不确定性。罚款指南的制定是粗犷型罚款转向精细化罚款的重要标志。最近 20 年，全球许多反垄断执法机构制定了罚款指南，包括欧盟及其多数成员国、新加坡、马来西亚、南非、赞比亚、韩国等国家，以及我国香港特别行政区。这些国家和地区的罚款指南详细规定了确定罚款的方法、步骤和各罚款因素的权重，为精细化反垄断罚款的转型做出了重要贡献。

可以预见，我国离走向精细化的反垄断罚款已经越来越近，这既是历史的发展趋势，也是时代的必然要求。我国《反垄断法》的实施虽然已经 12 年了，但尚未制定罚款指南。新的国家市场监管局组建后，反垄断局非常重视反垄断处罚(罚款)标准的统一性和细化裁量标准工作，其正在研究制定垄断案件行政处罚裁量工作规则。在域外，反垄断执法机构有权制定指南；而根据我国《反垄断法》的规定，制定指南则是国务院反垄断委员会的职权，国家市场监管总局只能制定规则或办法。因此，尽管我国可能以规则的形式细化反垄断罚款的规定，但从实质内容来看与域外的指南是一致的。

为了促进我国反垄断罚款指南的科学制定，本书特组织专门力量翻译了欧盟、英国、法国、德国、荷兰、比利时、西班牙、意大利、瑞士、瑞典、匈牙利、波兰、捷克、乌克兰、阿尔巴尼亚、韩国、新加坡、马来西亚、南非、赞比亚、塞舌尔、毛里求斯等国家和地区的反垄断罚款指南,同时收录了我国香港特别行政区的罚款指南。非常遗憾的是,尽管已经找到了越南、格鲁吉亚和斯洛文尼亚的罚款指南,但这 3 个国家的罚款指南都是其官方语言版本(越南语、格鲁吉亚语和斯洛文尼亚语),而且短时间内很难找到合适的翻译者,这是本次指南翻译的最大遗憾。

本指南的翻译由笔者组织并担任主编,由浙江理工大学竞争法律与政策研究中心的核心团队成员、部分国内中青年反垄断法学者以及浙江理工大学的研究生联合翻译。参加翻译的学者有江西财经大学法学院的喻玲教授、浙江理工大学法政学院的沈光博士、湖南大学法学院的徐琳副教授、上海交通大学经济法博士研究生方翔,笔者的硕士研究生邢驰、蒋铭、方莎莎及华东政法大学经济法专业硕士研究生李美慧、江西财经大学法学院经济法专业硕士研究生胡晓琪也参与了本次罚款指南的部分翻译工作。

这些罚款指南在我国基本上是首次翻译。其中,英国的《2012 年罚款指南》已有中文译稿,收录在韩伟博士主编的《美欧反垄断新规选编》(薛强译)中。2014 年,英国将竞争委员会和公平贸易办公室合并为新的反垄断执法机构——竞争和市场管理局(the Competition and Markets Authority, CMA)。该机构成立后,于 2018 年将原公平贸易办公室制定的《2012 年罚款指南》进行了较大修改,因此本书对《2018 年罚款指南》重新进行了翻译。

翻译是一件费心费力的工作。为了尽可能保证翻译的准确性,译者在翻译过程中查找了大量的相关文献进行印证和核对。就科研考核而言,本书的翻译是“没有价值的”;但对于反垄断事业而言,却是“非常有价值的”。本书的出版更多是一种公益性的尝试,可以让我们更为全面地了解反垄断罚款指南在全球的最新进展,可以作为我国反垄断罚款指南制定过程中的重要参考资料,同时可以作为我国反垄断执法机构日常工作的重要参考文献和反垄断研究的基础资料。当然,由于翻译水平有限,译文难免有很多不足和不准确之处,恳请各位读者不吝赐教,批评指正。最后,感谢法律出版社法治与经济分社沈小英社长和刘晓萌编辑的帮助和支持以及她们为本书出版所付出的努力。

王健

2020 年 7 月于杭州

目　　录

欧盟罚款指南

根据《1/2003 号条例》第 23(2)(a)条规定处以罚款的确定方法的指南*

Guidelines on the Method of Setting Fines Imposed Pursuant to Article 23(2)(a) of Regulation No. 1/2003

(2006/C 210/02)

引言

1. 根据《1/2003 号条例》(Regulation No. 1/2003)①第 23(2)(a)条的规定,如果企业或企业协会违反了《欧共体条约》第 81 条或第 82 条的规定,无论是故意还是过失,委员会可以决定对它们处以罚款。

2. 在处以罚款时,委员会在《1/2003 号条例》规定的范围内享有宽泛的自由裁量权。② 首先,委员会必须考虑违法行为的严重性和持续时间。其次,罚款不得超过《1/2003 号条例》第 23(2)条第 2 款和第 3 款规定的限额。

3. 为了确保罚款决定的透明度和公正性,委员会在 1998 年 1 月 14 日公

---

* 翻译:王健,浙江理工大学教授。

① Council Regulation (EC) No. 1 of 16 December 2002 on the implementation of the rules on competition laid down in Articles 81 and 82 of the Treaty (OJ L 1, 4.1.2003, p. 1).

② See, for example, Case C – 189/02 P, C – 202/02 P, C – 205/02 P to C208/02 P and C – 213/02 P, Dansk Rørindustri A/S and others v. Commission [2005] ECR I – 5425, paragraph 172.

布了《确定罚款的方法指南》(Guidelines on the Method of Setting Fines)。[①]经过8年多时间的实施后,委员会已获得足够的经验,可进一步制定和完善罚款政策。

4. 委员会有权对故意或过失违反《欧共体条约》第81条或第82条的企业或企业协会处以罚款,这是委员会执行条约赋予它的监管任务的手段之一。这项任务不仅包括调查和制裁单个违法行为的职责,而且包括执行一般政策的职责。该项政策要求在竞争问题上适用条约规定的基本原则,并根据这些原则指导企业的行为。[②] 为此目的,委员会必须确保其行动具有必要的威慑效果。[③] 相应地,当委员会发现存在违反条约第81条或第82条的行为时,它就有必要对那些违法者处以罚款。罚款应有充分的威慑效果,不仅仅是为了制裁涉案企业(特别威慑),也是为了阻止其他企业从事或继续违反《欧共体条约》第81条和第82条的行为(一般威慑)。

5. 为了实现这些目标,委员会将违法行为涉及的商品或服务的销售价值作为计算罚款的基础是恰当的。违法行为的持续时间在计算罚款的适当金额中也应起到重要作用,因为它必然对市场潜在的违法后果产生影响。因此,罚款也应当反映一个企业参与违法行为的年数,这是至关重要的。

6. 违法行为所涉及的销售价值和违法行为持续时间的组合,被认为既可以作为反映违法行为对经济重要影响的合适指标,也可以反映每个企业在违法行为中的相对权重。参考这些因素,可以很好地显示罚款金额的大小,然而这些因素不应该被视为自动和算术计算罚款方法的准则。

7. 除了违法行为的持续时间,在罚款中考虑加入特别数额被认为是合适的,其目的是威慑企业实施违法行为。

8. 当委员会根据《1/2003号条例》第23(2)(a)条的规定计算罚款时,以下部分规定的原则将对委员会提供具体的指引。

---

① Guidelines on the method of setting fines imposed pursuant to Article 15(2) of Regulation No. 17 and Article 65(5) of the ECSC Treaty (OJ C 9, 14.1.1998, p. 3).

② See, for example, Dansk Rørindustri A/S and others v. Commission, cited above, paragraph 170.

③ See Joined Cases 100/80 to 103/80 Musique Diffusion française and others v. Commission [1983] ECR 1825, paragraph 106.

一、确定罚款的方法

9. 除本指南第 37 条规定的特殊情形外,委员会在确定企业或企业协会的罚款时,将采用以下两步法。

10. 首先,委员会将决定每个企业或企业协会的基础罚款金额。

11. 其次,委员会可以向上或向下调整基础罚款金额。

(一)基础罚款金额

12. 基础罚款金额将根据销售价值确定,并运用以下方法。

A. 销售价值的计算

13. 在确定基础罚款金额时,委员会将计算企业在欧洲经济区相关地域市场内,与违法行为直接或间接有关的商品或服务的价值。① 在通常情况下,委员会将选择企业参与违法行为最后一个完整营业年度的销售额作为销售价值(value of sales,以下称为销售价值)。

14. 如果企业协会的违法行为与其成员的行为有关,其销售价值一般相当于其成员的销售价值的总和。

15. 在确定企业的销售价值时,委员会将采用该企业最可获得的数据。

16. 如果企业所提供的数据不完整或不可靠,委员会可根据其获得的部分数据或其认为相关与适当的任何其他信息,来确定企业的销售价值。

17. 销售价值将扣除增值税和其他与直接销售相关的税。

18. 如果违法行为的地域范围超出欧洲经济区(如国际卡特尔),那么欧洲经济区内相关企业的销售额可能无法正确反映违法行为中每个企业的实际影响。如果涉及全球市场分割的安排,情况可能更会如此。

在这种情况下,为了反映欧洲经济区内相关销售的总额以及每个企业在违法行为中的相对权重,委员会可以评估在相关地域市场(可能比欧洲经济区范围更广)违法行为涉及的商品或服务的总销售价值,可以确定每个参与违法行为企业的市场销售份额,并将该份额乘以相关企业在欧洲经济区内的总销售额。这种计算得出的结果,将被用作计算基础罚款金额的销售价值。

---

① 例如,在某一特定商品的横向固定价格安排中,该商品的价格将作为较低或较高质量商品价格的基础。

B. 基础罚款金额的确定

19. 基础罚款金额将与销售价值的比例有关，具体比例大小取决于违法行为的严重程度，再乘以违法行为的持续时间。

20. 委员会将根据案件的所有相关情况，对各类违法行为逐一进行严重性评估。

21. 作为一般规则，销售价值的比例最大幅度设定在销售价值的30%。

22. 为了决定某一特定案件中应考虑的销售价值的比例是在该比例的较低端还是在该比例的较高端，委员会将考虑若干因素，如违法行为的性质、所有涉案企业总的市场份额、违法行为的地域范围以及违法行为是否已经实施。

23. 横向固定价格、市场分割和限制生产数量协议①通常是秘密的，在本质上属于对竞争极其有害的协议。根据政策，它们将被处以重罚。因此，这些违法行为销售价值的比例，一般设定在幅度范围内的较高端。

24. 为了充分考虑每个企业参与违法行为的持续时间，根据销售价值一定比例确定的金额（见上述第20条至第23条）将乘以参与违法行为的年数。少于6个月的期间将按半年计算；超过6个月但少于一年的期间将按全年计算。

25. 此外，不管企业参与违法行为的时间多长，为了威慑企业达成横向固定价格、市场分割和限制生产数量协议，委员会将在基础罚款金额中，加计上述A部分所定义的销售价值的15%至25%的金额。委员会也可以在其他违法案件中适用这种额外的金额。为了决定某一特定案件将考虑的销售价值的比例，委员会将考虑到若干因素，特别是第22条中提及的因素。

26. 参与违法行为的企业的销售价值相似但不相同时，委员会将为其中每一个企业确定相同的基础数额。此外，在确定基础罚款金额时，委员会将使用四舍五入的金额。

（二）基础罚款金额的调整

27. 委员会在确定罚款时，还会基于上述第一部分确定的基础罚款金额，考虑提高或减少基础罚款金额的因素。它在全面评估所有应该考虑的

---

① 这包括《欧共体条约》第81条规定的协议、协同行为和企业协会的决定。

相关因素后,将作出调整基础罚款金额的决定。

A. 从重因素

28. 委员会如果认为存在下列从重因素,则可以提高基础罚款金额:

——如果在委员会或国家竞争执法机构调查认定企业的行为违反《欧共体条约》第 81 条或第 82 条的规定后,该企业继续或重复相同或相似的违法行为:每确立一项违法行为,基础罚款金额将提高 100%;

——拒绝与委员会合作或妨碍委员会进行调查;

——违法行为的领导者或发起人;委员会还将特别注意为强制其他企业参与违法行为而采取的任何措施和/或为强制实施构成违法行为的做法而对其他企业采取的任何报复措施。

B. 从轻因素

29. 委员会如果认为存在下列从轻因素,则可以减少基础罚款金额:

——如果涉案企业提供证据,一旦委员会介入,它就停止违法行为。但这不适用于秘密协议或行为(特别是卡特尔)。

——企业提供证据表明违法行为是由于疏忽而实施的。

——企业提供证据证明其在违法行为中的作用实质上是有限的,并由此证明,在其作为违法协议的当事人期间,它实际上通过在市场中采取竞争行为避免实施违法行为。如果仅仅是一个企业参与违法行为的时间比其他企业短,将不会被视为一种从轻处罚的情形,因为其在基础罚款金额上已经得到体现。

——如果涉案企业在“宽大通知”(leniency notice)的范围之外并在其法律义务范围外与委员会有效合作的。

——企业的反竞争行为已被公共执法机构或立法授权或鼓励。①

C. 因威慑而特别增加罚款金额

30. 委员会特别关注并确保罚款具有充分的威慑效果。为了实现这个目的,对营业额特别大的企业,除基于与违法行为有关的商品或服务的销售额计算罚款金额以外,委员会还可以提高罚款金额。

31. 如果违法所得可以估算,委员会还将考虑提高罚款金额,以超过违法所得的金额。

---

① 这不妨碍可能对有关成员国采取的任何行动。

D. 最高罚款限额

32. 根据《1/2003 号条例》第 23(2)条的规定，罚款的最终数额不得超过上一营业年度参与违法行为的企业或企业协会总营业额的 10%。

33. 如果企业协会的违法行为与其成员行为有关，则其罚款不得超过在受该违法行为影响的市场上积极参与违法行为的成员的总营业额之和的 10%。

E. 宽大通知

34. 委员会将根据宽大适用通知中规定的条件适用宽大规则。

F. 支付能力

35. 在特殊情况下，委员会可应企业请求，考虑在特定的社会和经济环境下该企业有可能无力支付罚款。但它不会仅仅基于发现不利或亏损的财务状况而对罚款作出任何减少。只有基于客观证据表明：根据指南规定作出的罚款将不可避免地危及涉案企业的经济生存能力，而且会导致其资产丧失所有价值。此时，委员会才会减少罚款。

二、最终考虑

36. 在某些情况下，委员会可象征性地处以罚款，但该罚款的正当理由应在其决定中加以说明。

37. 尽管指南规定了确定罚款的一般方法，但考虑到某特定案件的特殊性或在特定案件中为实现威慑的必要性，委员会可能会不适用这种通常的罚款确定方法或超过第 21 条规定的罚款比例的限制。

38. 指南将适用于在官方杂志公布之日后发出异议声明的所有案件，无论罚款是否根据《1/2003 号条例》第 23(2)条规定或《17/62 条例》[①]第 15(2)条规定处罚。

---

① Article 15(2) of Regulation 17/62 of 6 February 1962: First Regulation implementing Articles 85 and 86 [now 81 and 82] of the Treaty (OJ 13, 21.2.1962, p. 204).

德国罚款指南

卡特尔违法行为行政处理程序中确定罚款的指南*

Guidelines for the Setting of Fines in Cartel Administrative Offence Proceedings

2013 年 6 月 25 日

一、原则

(1)德国联邦卡特尔局行使裁量权并根据德国《反限制竞争法》(the German Act against Restraints of Competition,GWB)第 81(7)条的规定,制定了指南。通过指南,它将评估那些除合并控制领域以外的严重卡特尔行政违法行为[GWB 第 81(1)条及第 81(2)条第 1 款、第 2 款 a)项规定的行政违法行为]罚款时的惩罚性因素,然后对企业和企业协会采取行动。联邦卡特尔局现行的罚款指南[2006 年 9 月 15 日关于根据 GWB 第 81(4)条第 2 句规定对企业和企业协会处以罚款的第 38/2006 号通知]被本指南取代 。

(2)在将来,联邦卡特尔局根据 GWB 第 81(4)条第 2 句的解释将基于营业额的上限(参见德国联邦法院 2014 年 2 月 26 日的决定,KRB 20/12 ,WuW / E DE - R 3861,第 55 段)而确定罚款。每个违法行为都必须在这一罚款框架内进行评估和分类。这样,一个企业所面临的法律规定的抽象罚

---

* 翻译:王健,浙江理工大学教授。

款威胁,因确定罚款的法律标准将会得到证实。根据 GWB 第 81(4)条第 6 句和《行政违法法》(Administrative Offences Act,OWiG)第 17(3)条的规定,违法行为的严重程度及其持续时间是估算罚款的基础,同时也是违法行为的重要性和违法者要面临的指控的基础。联邦卡特尔局还会考虑违法者的财务状况。在确定罚款时,应遵守比例原则。

(3)罚款上限以联邦卡特尔局作出处罚决定之前的一个营业年度涉案企业的总营业额为基础进行计算。企业可以由几个法人(经济单位)组成。因此,罚款上限的幅度根据涉案企业的情况可能会有所变化。为了充分制裁任何企业,无论是小型、中型或大型企业,考虑到其对惩罚的敏感性有所不同,有必要让法定罚款框架具有一定的张力。因此,联邦卡特尔局在个案评估中将特别考虑企业规模的大小。这会导致,仅仅因为这种情况,同一违法行为的罚款可能会有很大的不同。

(4)考虑到企业对惩罚的敏感性是不同的,惩罚必须足以阻止其他企业从事违法行为和违法者再次从事违法行为,具有特殊和一般威慑效果。特别是,罚款不应与企业从违法行为中获得的竞争优势并对第三方或整体经济造成不利影响的可能性不成比例(以下简称"潜在收益和损害")。我们可以基于企业在违法期间与违法行为相关的产品或服务的国内营业额(以下简称"违法行为获得的营业额")得到"潜在收益和损害"的结论。如果"违法行为获得的营业额"占或超过联邦卡特尔局作出处罚决定上一年企业总营业额的相当大的一部分,则罚款的法律框架将根据"潜在收益和损害"确定适当制裁的上限。在其他情况下,如果"违法行为获得的营业额"和所产生"潜在收益和损害"只占企业总营业额的一小部分,则在计算罚款时要考虑到这一点,以保持充分惩罚的原则。该指南一般规定了联邦卡特尔局将如何考虑"违法行为获得的营业额""潜在收益和损害",以及总营业额。

(5)与企业总营业额相结合,"违法行为获得的营业额"是决定惩罚标准的合适起点。即使在最坏的情况下,高于"违法行为获得的营业额"的罚款对于特定案件以及企业对惩罚的敏感性而言通常也并非合适。"违法行为获得的营业额"充分反映了受影响市场的重要性,企业在市场上的地位以及营业额带来的"潜在收益和损害",而总营业额代表了违法者对惩罚的敏感性。两个营业额数字都相对容易确定,这对罚款威胁的透明度和可预见性很重要(参见联邦法院上述案例,第62段,关于总营业额)。

(6)根据基于营业额的罚款框架,估算违法行为对于市场的实际影响并非必须(杜塞尔多夫高等地方法院,2012年8月22日的判决,V-4 Kart 5 + 6/11 OWi.,WuW / E DE-R 3662,3670)。特别是,与案件的严重性成比例的罚款,主要不是根据其对市场的影响来量化。这将与法定罚款框架确定的一般预先评估不符,该框架不再侧重于卡特尔产生的超额利润,而且罚款上限甚至可能低于超额利润。

(7)考虑到基于企业总营业额的"潜在收益和损害"以及惩罚的敏感性,在具体案件中确定罚款的范围甚至会比法律框架更窄。如果是这种情况,罚款是根据其他法律标准确定的,这些法律标准是根据对更密切的评估范围内的所有从重和从轻处罚因素的评估确定的。与具体案件有关的所有相关情况,均应在评估中总体上予以考虑。任何在违法后以宽大形式申请或和解形式出现的积极行为仍将在评估中加以考虑。在整体评估基础上,联邦卡特尔局将设定其认为足够的罚款。

二、精细的罚款确定

1. 罚款法定框架的定义

(8)法定框架的下限为5欧元[OWiG第17(1)条]。根据GWB第81(4)条第2句的规定,对企业或企业协会实施的严重的故意卡特尔行政违法行为的罚款框架的上限,可以达到联邦卡特尔局作出处罚决定之前的一个营业年度总营业额的10%。对于过失的违法行为,最高罚款额为总营业额的5%[OWiG第17(2)条]。

2. 法定罚款框架内确定罚款

(9)在具体案件中确定罚款的范围,一方面要充分考虑企业的"潜在收益和损害",另一方面要考虑企业的总营业额。

(10)联邦卡特尔局假设"潜在收益和损害"是企业于违法期间从"违法行为获得的营业额"的10%。

(11)"违法行为获得的营业额"是指企业于违法期间从违法行为有关的商品或服务销售中获得的国内营业额。它可以根据一般规则估算。如果由于违法行为的性质或不可预见的发展过程,联邦卡特尔局不能获得期望的营业额,那么,在没有违法行为或没有不可预见的发展过程的情况下企业可能已经获得的营业额将被用作决定“潜在收益和损害”。

(12)如果违法行为持续时间少于12个月,联邦卡特尔局的计算依据为12个月,而不考虑违法行为的实际持续时间。与该计算有关的是违法行为停止之前的最后12个月。

(13)将倍数乘以已确定的“潜在收益和损害”,以说明各企业规模的大小:

倍数	2~3倍	3~4倍	4~5倍	5~6倍	>6倍
GWB第81(4)条第2句规定的总营业额	<1亿欧元	1亿欧元至10亿欧元	10亿欧元至100亿欧元	100亿欧元至1000亿欧元	>1000亿欧元

(14)如果按第13段计算的价值低于法定上限,除非第15段另有规定,否则该价值将代表罚款进一步评估的上限。在所有其他情况下,罚款的范围将不受罚款法定框架的限制。

(15)凡是根据第13段确定的价值在特定案件中显然太低,而“潜在收益和损害”显然更高,可以作为例外超过该价值,以设定足够的罚款。

(16)在根据法定罚款框架考虑本指南第(9)~(15)段计算罚款的范围内,联邦卡特尔局对违法行为进行评估时,还将基于所有下列从重和从轻因素的全面评估确定罚款的法律标准[GWB第81(4)条第6句和OWiG第17(3)条]。

- 与违法行为相关的标准有:违法行为的类型和持续时间、定性影响(如受违法行为影响的地域市场的规模、企业参与违法行为对于受影响市场的重要性)、市场的重要性(如受违法行为影响的产品类型)和涉案企业之间的组织紧密程度,等等。在价格固定和数量卡特尔、地域和客户分割协议以及其他类似的、严重的横向竞争限制的案件中,罚款通常设定在上限。

- 与违法者有关的标准有:企业在卡特尔中的作用、其在产业价值链所处的地位、故意和过失的程度,以及以前的违法行为,等等。联邦卡特尔局还会考虑公司的财务能力。

(17)除惩罚违法行为外,联邦卡特尔局保留在罚款程序或单独程序中剥夺经济利益的权利(GWB第32条、第34条)。

（18）在违法后以宽大申请形式出现的积极行为将在另一个阶段考虑。最后，如果达成了和解协议，罚款也会被减少。

2013 年 6 月 25 日，波恩

蒙特（Mundt）

德国联邦卡特尔局局长

关于卡特尔违法行为行政处理程序中确定罚款指南的说明

Explanatory Notes on the Guidelines for the Setting of Fines in Cartel Administrative Offence Proceedings

2013 年 6 月 25 日

1. 关于原则的一般说明

说明 1：联邦法院 2013 年 2 月 26 日的判决（KRB 20/12，WuW/E DE－R 3861）确认了《反限制竞争法》（GWB）第 7 次修订时导入的第 81（4）条第 2 句是符合宪法规定的，因为该条款既不违反法不溯及既往原则，也不违反法律确定性原则。该第 7 次修订版本是 2005 年 7 月 7 日的版本，并且于 2005 年 7 月 12 日在联邦法律公告中公布。

说明 2：联邦法院在判决中将该条款解释为在罚款框架内规定了罚款的最高限制，其与欧盟竞争法[第 1/2003 条例第 23（2）条第 2 项]规定的罚款上限有所不同。联邦卡特尔局 2006 年 9 月 15 日的罚款指南将不再适用，该罚款指南被解释为有欧盟类似的罚款上限规定。

说明 3[关于指南第（5）段]：在计算罚款时，根据罚款的法定框架，单独考虑从"违法行为获得的营业额"中推断出"潜在收益和损害"，将不符合一般的预先评估，特别是因为法定上限可能低于"潜在收益和损害"。然而，与企业的总营业额相结合，"违法行为获得的营业额"是一个合适的起点。

2. 关于确定罚款

> **第（9）段：**在具体案件中确定罚款的范围，一方面要充分考虑企业的"潜在收益和损害"，另一方面要考虑企业的总营业额。

说明 1:“潜在收益和损害”将根据企业总营业额大小的不同乘以倍数,以便评估在个案中,即使是在最坏的情况下,罚款幅度通常与特定案件和对特定企业是否是不合适的,或者法定框架是否已经在这方面规定了足够的限制。

> **第(10)段**:联邦卡特尔局假设“潜在收益和损害”是企业于违法期间从“违法行为获得的营业额”的 10%。

说明 1:在单个案件中,从违法行为中获得的收益和造成的损害可能会更高或更低,特别是因为这些原则所涵盖的卡特尔违法行为非常多样。然而,根据基于总营业额的罚款框架,联邦卡特尔局不再需要对此(收益或损害)或超额利润进行调查。这些超额利润以前对确定罚款范围是起决定性作用的,它是通过比较卡特尔价格和假设的竞争价格确定的。[杜塞尔多夫高等地方法院,2012 年 8 月 22 日的判决,V –4 Kart 5 + 6/11 OWi. ,WuW / E DE – R 3662,3670,另见指南第(6)段]

说明 2:联邦卡特尔局考虑将“违法行为获得的营业额”的 10% 作为一般意义上的“潜在收益和损害”,并将该“潜在收益和损害”作为计算所涉及的所有卡特尔法规定的违法行为的罚款的合适起点。如果由于存在明显更高的“潜在收益和损害”,在特定案件中按照“违法行为获得的营业额”的 10% 来计算“潜在收益和损害”太低,则可以作为例外超出估算的 10% 范围[见指南第(15)段]。

说明 3:在对所有相关情况进行全面评估时,可以考虑个案的具体情况[见指南第(16)段]。

说明 4:为了计算“违法行为获得的营业额”,联邦卡特尔局适用 GWB 第 38(1)条的规定。但是如果关联企业之间提供货物和服务而实现的营业收入,与违法行为有关,则视为因违法行为而实现的营业额。GWB 第 38(4)条规定的信贷机构和保险公司的特别条款也将适用。

> **第(11)段第 3 句**:如果由于违法行为的性质或不可预见的发展过程,联邦卡特尔局不能获得期望的营业额,那么,在没有违法行为或没有不可预见的发展过程的情况下企业可能已经获得的营业额将被用作决定“潜在收益和损害”。

例 1：由于违法行为的类型，企业可能无法从市场分享卡特尔中获得营业额。

例 2：由于不可预见的发展过程，如在串通投标中，授予第三方合同或招标程序没有被执行，那么就不会从违法行为中产生营业额。

第(13)段：将倍数乘以已确定的“潜在收益和损害”，以说明各企业规模的大小。

倍数	2～3 倍	3～4 倍	4～5 倍	5～6 倍	>6 倍
GWB 第 81(4)条第 2 句规定的总营业额	<1 亿欧元	1 亿欧元至 10 亿欧元	10 亿欧元至 100 亿欧元	100 亿欧元至 1000 亿欧元	>1000 亿欧元

说明 1：当罚款是基于“违法行为获得的营业额”和企业的总营业额来计算时，其目的不是确定具体的罚款，而是根据具体情况和这家具体企业对惩罚的敏感性，确定一个通常是比较有威慑力的罚款水平，即使在最坏的情况下也是如此。

说明 2：一个超过“潜在收益和损害”几倍的罚款才有可能实现威慑目的。企业的规模越大，对于惩罚就越不敏感。因此，即使在最坏的情况下，在特定案件中，罚款的上限只有更高才可能有威慑效果。

说明 3：各区间内的具体倍数由总营业额决定。

说明 4：这里所指的营业额是指企业在联邦卡特尔局作出处罚决定之前的一个营业年度的总营业额[GWB 第 81(4)条第 2 句]。在计算总营业额时，参照点是经济单位，它可以由若干法人或个人协会组成，在某些情况下也可以是自然人。

第(14)段：如果按第 13 段计算的价值低于法定上限，除非第(15)段另有规定，该价值将代表罚款进一步评估的上限。在所有其他情况下，罚款的范围将不受罚款法定框架的限制。

例 1(关于第 1 句)：在执法机构作出处罚决定的前一个营业年度，如果一个企业获得的总营业额达到了 100 亿欧元[也就是说指南第(13)段规定的 5 倍乘数]，一个故意的卡特尔违法行为的法定罚款上限是 10 亿欧元。如果“违法行为获得的营业额”达到了4000万欧元(如过去4年中每年是1000万欧元),联邦卡特尔局一般会假定“潜在收益和损害”是400万欧元。根据指南第(9)~(13)段的规定,超过2000万欧元的罚款{400万欧元(=4000万欧元的10%)×5[第(13)段规定的倍数]}通常不再适用于具体案件。

例2(关于第2句):在执法机构作出处罚决定的前一个营业年度,如果一个企业获得的总营业额达到了1亿欧元[也就是说第(13)段规定的3倍乘数],一个故意的卡特尔违法行为的法定罚款上限是1000万欧元。如果“违法行为获得的营业额”达到了4000万欧元,联邦卡特尔局一般会假定“潜在收益和损害”是400万欧元。根据指南第(9)~(13)段的规定,超过1200万欧元的罚款{400万欧元(=4000万欧元的10%)×3[第(13)段规定的倍数]}不再适用于具体案件。然而,1000万欧元的法定上限并没有达到这一数额,这就是为什么在足够惩罚方面,没有必要在罚款的法定框架内限制罚款的范围。

> **第(16)段:**在根据法定罚款框架考虑本指南第(9)~(15)段计算罚款的范围内,联邦卡特尔局对违法行为进行评估时,还将基于所有下列从重和从轻因素的全面评估确定罚款的法律标准[GWB第81(4)条第6句和OWiG第17(3)条]。

说明1:它取决于在个案中,计算罚款的特定标准是否、如何以及在多大程度上对每个独立案件中罚款的确定产生影响。

> **第(17)段:**除惩罚违法行为外,联邦卡特尔局保留在罚款程序或单独程序中剥夺经济利益的权利(GWB第32条、第34条)。

说明1:为了与行政违法的一般法律相区别,在卡特尔法下,OWiG第17(4)条规定的剥夺经济利益的法律标准由竞争执法机构自由裁量行使[GWB第81(5)条]。

> **第(18)段:**在违法后以宽大申请形式出现的积极行为将在另一个阶段考虑。最后,如果达成了和解协议,罚款也会被减少。

说明1:联邦卡特尔局的宽大计划,即2006年3月7日的第9/2006号关于罚款的豁免或减少的执法机构通知,在卡特尔案件中仍然适用。

说明 2:联邦卡特尔局的和解协议指南,请参阅 2007/2008 执法机构行动报告第 35 页和 2009 年 12 月 18 日关于咖啡烘焙师罚款程序决定的案件摘要(B11 – 18/08)第 3f 页。

英国罚款指南

CMA 关于确定适当罚款金额的指南*

CMA's Guidance as to the Appropriate Amount of a Penalty

(CMA73)

2018 年 4 月 18 日

前言

竞争和市场管理局(the Competition and Markets Authority ,CMA)有权适用和执行英国《1998 年竞争法》(the Competition Act 1998 ,CA98)。CMA 还有权①在英国②适用和执行《欧盟运行条约》(Treaty on the Functioning of the European Union,TFEU)的第 101 条和第 102 条。关于受管制行业,这些规定由下列监管机构(依据《1998 年竞争法》第 54 条和附表 10)与 CMA 同时适用和执行。在本指南中,除非另有说明,本指南中的反垄断执法机构也包括下列各行业的监管机构。

截至 2018 年 4 月 1 日,具有反垄断执法权的监管机构有:

- 通信办公室(the Office of Communications, Ofcom);
- 天然气和电力市场总局(gas and electricity markets in Great Britain,

---

* 翻译:邢驰,浙江理工大学硕士研究生;校对:王健,浙江理工大学教授。

① Under Council Regulation (EC) No. 1/2003 of 16 December 2002 (the Modernisation Regulation).

② Paragraph 1. 2 provides describes the circumstances in which the CMA is required to apply Article 101 and 102.

Ofgem)；

- 公用事业监管局（the Northern Ireland Authority for Utility Regulation）（北爱尔兰天然气、水、电力和污水处理服务）；
- 供水服务管理总局（the Water Services Regulation Authority，Ofwat）（英格兰和威尔士水和污水处理市场）；
- 铁路和公路办公室（the Office of Rail and Road，ORR）（英国铁路服务）；
- 民用航空总局（the Civil Aviation Authority，CAA）（空中交通服务和机场运营服务）；
- 英格兰医疗保健服务改进体系（NHS Improvement）；
- 英国金融行为监管局（the Financial Conduct Authority，FCA）（金融服务）；
- 支付系统监管机构（the Payment Systems Regulator，PSR）（参与支付系统）。①

本指南是 CMA 为履行 CA98 第 38（1）条和第 38（1A）条［同时根据 CA98 第 38（3）条］规定的法定义务而颁布的，目的在于公布有关确定合适罚款金额的指引，包括为 CMA 在确定罚款数额时在何种情形下考虑违法行为对另一成员国造成的影响提供指导。CMA 在确定任何罚款金额时，必须依照现行有效的指南。尽管监管机构未获得同等授权来颁布有关适当罚款金额的指导意见，但根据 CA98 监管机构确定罚款数额时也必须按照 CMA 颁布的现行有效的指南。竞争上诉法庭（Competition Appeal Tribunal，CAT）也必须考虑 CMA 颁布的指南。②

1. 引言

1.1　本指南③规定了 CMA 根据 CA98 第 36（1）条和第 36（2）条规定行

---

① 该目录截至 2018 年 4 月 1 日。如果在更广泛的市场中，行业监管机构被赋予更大的权力，或现有部门监管者被赋予更大的权力，该目录随之调整。本指南未提及这些监管机构中发布的可能会与本指南有联系的其他指南，如与竞争法合规的相关指南。

② Section 38（8）of the CA98.

③ This revised guidance replaces the CMA's Guidance as to the appropriate amount of a penalty（OFT423，issued December 2004，adopted by the CMA Board）.

使罚款裁量权计算 CA98 或 TFEU 违法行为罚款金额的基本依据，也规定了 CMA 在适用宽大制度对违法行为进行宽大处理时所应满足的基本条件。① CMA 在履行其法定义务时颁发了本指南，公开有关适当罚款金额的指引，包括对 CMA 在确定罚款金额时在何种情形下考虑违法行为对另一成员国造成的影响提供指导。②

1.2 根据理事会《第 1/2003 号条例》(简称《现代化条例》, the Modernisation Regulation)，如果成员国国内的竞争法适用于可能影响成员国间贸易的协议或行为，那么成员国的竞争执法机构(National Competition Authorities, NCAs)和成员国的法院，可以同时适用 TFEU 第 101 条和第 102 条及成员国国内的竞争法。CA98 授权 CMA 可以执行 CA98 第 1 章和第 2 章的禁止规定，也可以执行 TFEU 第 101 条和第 102 条。③

政策目标

1.3 与 CA98 第 36(7A)条规定一致，CMA 的罚款政策有两个目标：

- 对违法企业处以罚款，④以体现其违法行为的严重程度；
- 确保罚款政策对违法企业和其他欲实施反竞争行为的企业形成威慑，以防止其实施违法行为。

CMA 有权对罚款事宜进行裁量。尤其是经营者之间达成的协议⑤涉及固定价格、分割市场或者其他卡特尔行为⑥以及严重滥用市场支配地位的行

---

① Applications for leniency and no action in cartel cases (OFT1495, adopted by the CMA Board).

② 更多详细信息参见下述的法定背景部分。

③ 第 101 条规定：禁止企业间达成可能影响成员国间贸易的，并且具有阻碍、限制或扭曲内部市场中竞争的目的或效果的协议。第 102 条规定：禁止一个或多个企业在内部市场或者该市场中的大部分范围内实施滥用支配地位的行为，因为这可能影响成员间的贸易。CA98 的第一章和第二章禁止规定分别对应于 TFEU 的第 101 条和第 102 条规定，但前者仅适用于影响英国内部贸易的反竞争行为。更多详细信息，参见 the competition law guidelines Agreements and concerted practices (OFT401, adopted by the CMA Board) and Abuse of a dominant position (OFT402, adopted by the CMA Board)。

④ TFEU 或 CA98 都未界定“企业”一词，但是此概念已经在欧盟法中得以规定。“企业”涵盖任何从事经济活动的自然人或法人，不考虑其法律地位和融资方式。“企业”包括公司、商号商店、合伙、作为个体经营者的自然人、农业合作社，企业联合会(如行业协会)、非营利组织以及(在某些情况下)向特定市场提供商品或服务的公共机构。根据个案情况，如果二者作为一个经济单位在市场上从事营业活动，母公司及其子公司通常被视为一个企业。

⑤ 除非特别说明或文本要求，本指南中的“协议”视为包括行业协会的决定和协同行为。

⑥ 参阅后面第 3.1 段，其中包含针对本指南的“卡特尔活动”的定义。

为,那么 CMA 将施以较重的罚款。CMA 将上述行为视为竞争法中最为严重的违法行为。

1.4　威慑目标有两层含义:一是防止违法企业在今后再实施反竞争法行为("特别威慑");二是防止所有欲实施违反 TFEU 第 101 条和第 102 条以及 CA98 第 1 章和第 2 章禁止规定的行为的竞争者实施违法行为("一般威慑")。

1.5　CMA 认为,应当确保对企业所处的罚款符合比例原则且不过度处罚。

1.6　CMA 也鼓励企业提供关于其实施的任何卡特尔行为的信息。[①] CMA 可根据本指南第三部分的规定对此类企业进行宽大处理。

法定背景

1.7　CA98 第 36 条规定,对于故意或过失地违反 TFEU 第 101 条和第 102 条及 CA98 第 1 章和第 2 章禁止规定的企业,CMA 可对其处以罚款。因此,在具体案件中,由 CMA 来确定是否处以罚款。

1.8　CA98 第 38(1)条和第 38(1 A)条授权 CMA 制定与公布本指南,包括为 CMA 在确定罚款时,是否考虑违法行为对另一成员国造成的影响提供相应指引。CA98 第 38(2)条规定,CMA 可以在任何时候对罚款指南进行修订。CA98 第 38(3)条规定,若修订,CMA 必须公布修订后的指南。第 38(4)条规定,罚款指南在公布之前,必须得到国务大臣的批准。CA98 第 38(6)条和第 38(7)条规定,在准备修订罚款指南时,CMA 应征求其认为适当的主体(包括监管部门)的意见,上述特别规定仅适用于 CMA,不适用于监管部门。

1.9　国务大臣根据 CA98 第 38(4)条规定于 2018 年 4 月 16 日批准本指南。本指南自 2018 年 4 月 18 日起生效。根据该法案第 38(6)条和第 38(7)条的规定,CMA 在本指南定稿前已向相关主体征求了意见。

---

① CA98 第 36(3)条规定,只有在确信违法行为是故意或过失的情况下,CMA 才能对企业处以罚款。如果不满足此条件,CMA 就不必特别地确定是否处以罚款。See Napp Pharmaceutical Holdings Limited and Subsidiaries v. Director General of Fair Trading [2002] CAT 1 at [455] – [457], [2002] CompAR 13 (Napp) and Aberdeen Journals Limited v. Office of Fair Trading [2003] CAT 11 at [484] and [485] [*Aberdeen Journals* (No. 2)]. See also Case C – 137/95 P, SPO and Others v. Commission [1996] ECR I – 1611 at paragraphs 53 – 57.

1.10　根据 CA98 第 38(8)条的规定,CMA 必须依照现行有效的指南确定罚款金额。根据其他相关法律,监管部门执行 CA98 时,也要遵循这一要求。在具体案件中,相关执法机构必须依照现行有效的指南中规定的计算办法来确定罚款数额。CAT 也必须考虑 CMA 发布的指南[①]。本指南从发布之日起适用于正在进行的案件和新 CA98 案件。CMA 修改指南(OFT423)旨在澄清和反映 CMA 的执法实践,并没有实质性改变 CMA 的罚款计算机制。

1.11　在任何情况下,罚款数额的上限不得超过企业全球营业额的 10%。[②]

1.12　CMA 将根据执法经验,持续对本指南进行修订。

例外情况

1.13　CA98 第 39 条和第 40 条规定了有限的免除罚款情形,这主要针对违反第 1 章禁止规定的小型协议和违反第 2 章禁止规定的产生轻微影响的行为。[③] 这一免除罚款规定不适用于任何违反 TFEU 第 101 条和第 102 条的违法行为,也不适用于违反第 1 章禁止规定达成固定价格协议的行为。特定情况下,CMA 可撤回对企业的豁免。更多信息可参见竞争法的《执行指南》(OFT407,CMA 理事会正式通过)。[④]

刑事卡特尔犯罪

1.14　《2002 年企业法》(the Enterprise Act 2002)第 188 条规定,在英国从事卡特尔安排(固定价格、限制供给或产量、分割市场、串通投标)的个人,将被追究刑事责任。卡特尔刑事犯罪仅适用于在同一层面的供应链上经营的企业间达成的相关协议,即横向协议;在不同层面的供应链上经营的企业间(如制造商和分销商或者分销商和零售商)达成的纵向协议,不认为是一种犯罪行为。

---

① Section 38(8) of the CA98.

② Calculated in accordance with The Competition Act 1998 (Determination of Turnover for Penalties) Order 2000 (SI 2000/309) [as amended by The Competition Act 1998 (Determination of Turnover for Penalties) (Amendment) Order 2004 (SI 2004/1259)].

③ See further The Competition Act 1998 (Small Agreements and Conduct of Minor Significance) Regulations 2000 (SI 2000/262).

④ Enforcement: Incorporating the Office of Fair Trading's guidance as to the circumstance in which it may be appropriate to accept commitments (OFT407, adopted by the CMA Board).

1.15　处理卡特尔犯罪时需要参考 CA98 的相关规定。更多信息请参见《关于调查刑事卡特尔违法行为起诉指南》(CMA9,2014 年 3 月)。《关于在卡尔特案件中进行宽大和不起诉处理的指南》(OFT1495,CMA 理事会正式通过)中规定了 CMA 根据《2002 年企业法》第 190(4)条对刑事卡特尔进行免诉处理的相关事宜。根据《2002 年企业法》第 188 条对个人违法行为起诉或者定罪,与根据 CA98 第 36 条确定企业应支付的罚款金额,二者是不相关的。

并行适用 TFEU 第 101 条和第 102 条以及 CA98 第 1 章和第 2 章的禁止规定

1.16　如果企业的行为既违反了欧盟的禁止规定(TFEU 第 101 条和第 102 条),又违反了英国的禁止规定(CA98 第 1 章和第 2 章的禁止规定),那么企业将不会因为其造成的同一个反竞争效果而遭受两次处罚。

1.17　在大多数情况下,根据欧盟的禁止规定和英国的禁止规定对违法行为的处罚都是相同的,因为 CMA 都是根据本指南第 2 部分规定的相同步骤计算违法行为的罚款金额。但是,在某些情况下,欧盟的禁止规定和英国的禁止规定对违法行为施以的处罚却不相同,如涉及 2000 年 3 月 1 日 CA98 生效前达成的违法协议和实施的行为的案件。

2. 确定罚款的具体步骤

计算方法

2.1　CMA 根据 CA98 第 36 条的规定,通过以下 6 个步骤计算罚款数额:①

- 根据违法行为的严重程度和企业相关营业额确定罚款起点金额;

① 在涉及多个企业的案件中,反垄断执法机构将遵循“平等对待”的原则来适用这些步骤。在 Tokai Carbon 案中,初审法院(现在的普通法院)阐述了“平等对待”原则:“事实依然表明……[委员会]必须遵守平等对待原则,即除有正当理由(FETTCSA,第 406 段),禁止同等情况不同对待和不同情况同等对待。”(See Case T－236/01 Tokai Carbon Co. Ltd. and Others v. Commission [2004] ECR II－1181, at paragraph 219.)同时,CMA 还将考虑英国竞争上诉法庭(CAT)在 Kier 案中的判决:“……一般情况下,对较大经营者施以较重处罚,对较小经营者施以较轻处罚是合理的……但这并不意味着处罚要与企业的相对规模保持严格的比例关系……基于同样的全球营业额比例对较大经营者和较小经营者施以不同的罚款,这不一定是公平和符合比例的。”(See Kier Group plc and others v. Office of Fair Trading [2011] CAT 3, at [177].)

- 根据违法行为的持续时间调整；
- 根据从轻或从重因素调整；
- 根据特别威慑目标和比例原则进行调整；
- 根据企业全球营业额10%[①]这一罚款最高限额进行调整，以及为了避免双重处罚进行调整；
- 根据宽大政策、和解协议和/或批准的自愿补救计划[②]进行减免处理。

上述各个步骤的详细信息在下面的第2.3段至第2.10段中列明。

2.2 如果参与卡尔特行为[③]的企业满足本指南第3部分中规定的宽大处理要求，那么其将可以享受完全免除罚款或者大幅度降低罚款的待遇。

第一步：罚款起点金额

2.3 确定一个企业的罚款起点金额应考虑以下因素：

- 违法行为的严重程度和一般威慑需要；[④]
- 企业的相关营业额。

罚款起点金额将按照以下方式计算：

评估违法行为的严重性——对相关营业额百分比的适用

2.4 为了充分反映特定违法行为的严重性（以及最终对竞争和消费者造成实际或潜在损害的程度和可能性），CMA适用的罚款起点金额将最高达到企业相关营业额的30%。在适用罚款起点金额时，CMA还将考虑威慑作用，以防止违法企业和其他企业在将来普遍实施这种违法行为。

2.5 在评估严重性时特别要考虑下列情况：

- 首先，所涉违法行为类型按其性质损害竞争的可能性有多大；
- 其次，在个案的特定情形下对竞争造成损害的程度和/或可能性；
- 最后，罚款起点金额是否足以实现一般威慑目的。

2.6 在第一阶段，CMA将考虑所涉违法行为本身损害竞争的可能性。

---

① Calculated in accordance with The Competition Act 1998 (Determination of Turnover for Penalties) Order 2000 (SI 2000/309) [As amended by The Competition Act 1998 (Determination of Turnover for Penalties) (Amendment) Order 2004 (SI 2004/1259)].

② 自愿补救计划是一种替代性纠纷解决方式，企业可以通过该方法向CMA申请批准，以向竞争违法行为的受害者提供赔偿。

③ 就本指南而言，卡特尔活动是指违反TFEU第101条和/或第1章禁止规定和/或协同行为，涉及定价（包括转售价格维持）、操纵价格（包括招标）、建立商品限制或配额和/或市场分割。

④ 这与阻止特定违法行为免受违反第1章或第2章禁止规定和/或第101条或第102条（"特别威慑"）的需要不同，后者在第四步中进行了评估（见第2.20~2.24段）。

鉴于在不同情况下违法行为类型不同，CMA没有针对不同类型违法行为预设具体的罚款起点金额。但评估时，CMA参考以下原则：

- 对于极其严重的违法行为，CMA一般会在相关营业额的21%～30%确定罚款起点金额。也就是说，CMA认为最有可能从本质上损害竞争的行为。与第1章禁止规定和/或第101条有关的违法行为，包括如固定价格和市场分割的卡特尔行为和其他非卡特尔目标的行为，天生就有可能对竞争造成重大损害。与第2章禁止规定和/或第102条有关的违法行为，这通常包括那些本来就可能产生特别严重的剥削或排他性影响的行为，如超高定价和掠夺性定价。

- 与第1章禁止规定和/或第101条有关的违法行为，根据目的和效果判断其违法程度不太严重，则在10%～20%确定罚款起点金额是比较合适的；[①]与第2章禁止规定和/或第102条有关的违法行为，其不太可能具有内在的危害性，在10%～20%确定罚款起点金额可能更为恰当。

2.7　上述原则并不妨碍CMA应用低于10%的罚款起点金额。CMA认为，这可能是由于其根据个案情况向下调整导致的，这一点将在下面阐述。

2.8　在第二阶段，CMA通过考虑违法行为损害竞争以及最终损害消费者的程度和可能性的具体个案情况向上或向下调整罚款起点金额。在个案评估时，CMA将考虑案件的相关因素。这些相关因素可能包括：

- 产品的性质，包括对该产品的需求性质和范围；
- 市场结构，包括涉企业的市场份额、市场集中度和进入壁垒；
- 违法行为的市场范围；
- 违法行为对竞争者和第三方的实际或潜在影响；
- 直接或间接对消费者造成的实际或潜在损害。

2.9　最后，CMA将考虑某一违法行为的罚款起点金额是否足以达到一般威慑的目的，CMA将特别考虑是否需要威慑其他企业（无论是在同一市场还是更广泛的市场）从事相同或类似的行为。

2.10　如果违法行为涉及多个企业，则上述评估对每个企业均应是一

---

① 有关违法行为目的和效果的更多信息，See Agreements and concerted practices（OFT401，adopted by the CMA Board）。

致的。罚款起点金额是为了反映所涉违法行为的严重性,而不是反映每个企业违法行为的具体情况(这些情况在其他步骤中考虑)。因此,对于涉及多个企业的违法行为,CMA 希望对每个企业采用同一比例的罚款起点金额。①

确定相关营业额

2.11 相关营业额,是指企业在上一个营业年度中受到违法行为影响的相关产品市场和相关地域市场②中的营业额。③ 其中,上一营业年度是指违法行为结束之日的上一个会计年度。

2.12 在通常情况下,CMA 将基于企业经审计的账目来确定相关营业额,然而在特殊情况下,使用其他反映企业在相关市场中真实规模的数据也是适当的。④

2.13 CMA 认为,尤其在提供服务所获得的酬劳是基于佣金费用时,采取上述特殊的方法是适当的。在判断采用经审计的账目以外的数据资料是否适当时,CMA 将考虑一系列因素,尤其:(i)相关服务的报酬是由服务提供者还是由客户决定;(ii)企业是否正在采购用于组装向其客户销售的新产品的原材料。⑤其他因素也是相关的,如个人是否正获取商品或服务的所有权,以及个人是否承担了相关营业活动所致的风险。此外,CMA 还指出,在信贷、金融服务和保险领域计算营业额的情况可能比较特殊,对此,相关的法定文件规定了 CMA 最高可处以的罚款金额。⑥

---

① See Eden Brown v. Office of Fair Trading [2011] CAT 8, paragraph 80.

② 关于相关商品市场和相关地域市场的更多背景信息,See the competition law guideline Market Definition (OFT403, adopted by the CMA Board)。CMA 也注意到上诉法院在 Toys and Kits 上诉案中的判决:"无论在 OFT 的调查阶段,还是在法院的上诉程序阶段,严格界定相关产品市场都不是依照《关于确定适当罚款金额的指南》第一步要求计算罚款基数的必经程序","只要 OFT 基于合理和适当的推理,认定哪些商品市场受到违法行为影响即可。" See Argos Limited and Littlewoods Limited v. Office of Fair Trading and JJB Sports plc v. Office of Fair Trading [2006] EWCA Civ. 1318, at paragraphs 169 and 170 to 173 respectively.

③ 相关营业额是指减去销售折扣、增值税、其他直接与营业额有关的税收后的净额。

④ See Eden Brown Ltd. and others v. Office of Fair Trading [2011] CAT 8 (the Construction Recruitment Forum judgment), at [44] – [59].

⑤ See Eden Brown Ltd. and others v. Office of Fair Trading [2011] CAT 8 (the Construction Recruitment Forum judgment), at [44] – [59].

⑥ See The Competition Act 1998 (Determination of Turnover for Penalties) Order 2000 (SI 2000/309) as amended by The Competition Act 1998 (Determination of Turnover for Penalties) (Amendment) Order 2004 (SI 2004/1259).

2.14　对于涉及 TFEU 第 101 条和第 102 条的违法行为,CMA 在确定罚款起点金额时,可能考虑相关协议或行为对另一成员国造成的影响。若需考虑的话,CMA 将会通过对相关营业额的评估来考虑对另一成员国的影响。如果相关地域市场大于英国的地域范围,且相关成员国或 NCA 也在特定的案件中明确表示同意,那么 CMA 可将企业在另一成员国获取的营业额纳入考虑范围。

2.15　如第 2.4 段所述,罚款起点金额在任何情况下均不得超过企业相关营业额的 30%。

第二步:根据违法行为的持续时间进行调整

2.16　在考虑违法行为的持续时间后,罚款起点金额可能会上调,特殊情况下也可能减少。若违法行为持续的时间超过一年,则用罚款起点金额乘以持续的年数。计算违法行为所持续的年数时,不完整年数可被视为完整年数。若违法行为持续的时间不足一年,CMA 将视为一整年计算。在特殊情况下,若违法行为持续的时间不足一年,罚款起点金额可能减少。若违法行为持续的时间超过一年,CMA 将以 1/4 年为最小单位折算,尽管在一些特殊情况下,CMA 也可能决定直接折算为一个整年。

第三步:根据从重和从轻因素进行调整

2.17　经第二步适当调整得到的基础罚款金额,当有从重因素时可能会增加,当有从轻因素时可能会减少。CMA 将根据违法行为的具体情形,考虑在所有情况下对每个企业的任何调整是不是合适的。以下各段列出了一些需要考虑但没有穷尽的从重或从轻因素。

2.18　从重因素包括:

- 没有合理理由,持续且反复地阻碍 CMA 的执法工作;①
- 企业在违法行为中起牵头或者教唆作用;
- 董事或高级管理人员参与违法行为(尽管存在上述第 1.15 段的规定);
- 为维持违法行为,对其他企业采取报复或其他胁迫措施;

---

① 此情形包括企业持续且反复地蔑视 CMA 所指定的时限(如关于提供保密陈述的时限规定)或者其他持续阻碍 CMA 进行调查的情形。对于当事人充分行使其抗辩权的情形,CMA 不会将其视为不合理的行为。

- 介入调查之后仍然继续实施违法行为；
- 同一企业或同一集团内的其他企业反复实施违法行为(累犯)；①
- 故意而非过失实施违法行为；②
- 企业对寻求宽大处理的申请者采取报复措施或进行商业报复；
- 企业收到相同或相似行为的警告或咨询函后仍未遵守《竞争法》。③

2.19 从轻因素包括：

- 企业在他人的严重胁迫或压迫之下实施违法行为；
- 企业确实不确定其协议或行为是否违法；
- 企业已采取充分措施确保遵守第101条和第102条以及第1章和第2章的禁止规定；④
- CMA介入调查后立即停止违法行为；⑤

---

① CMA、监管部门或欧盟委员会已经认定企业违反第101条和/或第1章的禁止规定，或者第102条和/或第2章的禁止规定，企业仍然继续或反复实施相同或相似违法行为的，根据第一步和第二步对每一个已确认的违法行为所确定的罚款数额可能会增加至100%。仅在之前的决定认定违法行为对英国造成了影响时，CMA才可进行此种增加计算。CMA将基于个案并考虑所有的相关因素来判断是否对累犯的实际罚款数额进行增加计算。若从之前的处罚决定作出之日起到此次CMA介入调查的时间超过15年，那么CMA将不考虑对该累犯进行从重处罚。CMA认为，CA98和TFEU中相同或相等的条款规定的违法行为是"相同的或相似的"。例如，在对第1章或第101条的另一违法行为的罚款进行评估时，根据第101条或第1章的禁止规定确定的违法行为是"相同的或相似的"。

② 竞争上诉法庭(CAT)在Napp案的判决中认定(第456段和第457段)："如果企业已经意识到其行为在本质上必定会限制或者扭曲竞争，那么该违法行为便是'故意'而为之，如果企业应当知道其行为可能会限制或者扭曲竞争，那么该违法行为便是'过失'而为之。"CAT在Aberdeen Journals(No.2)案中也遵循了这一认定方法(第484段和第485段)。

③ 当考虑是否增加罚款金额时，CMA将考虑怠于执行的个别情况，并且仅当CMA认为与行为相关的警告函或咨询函与所调查的行为相同或相似时，才会在这些情况下增加罚款金额。参见CMA《警告和咨询函指南》。监管机构可以使用不同的术语来表示警告和咨询函。

④ CMA将会在具体案件中仔细考虑企业提供的合规行为证据是否值得免除最多10%的罚款。仅存在合规行为不能视为从轻因素。如果一个企业证明其已采取与所涉企业规模相适应的足够措施，目的是在整个企业中(自上而下)对遵守竞争法作出明确和毫不含糊的承诺，则合规行为可能被视为一个从轻因素。这些适当措施预计包括竞争法律风险识别、风险评估以及包括在企业的相关网站上就合规承诺发表公开声明、定期审查其合规行为、向CMA报告其合规行为等风险缓解和审查活动。企业还需要提供证据，说明其为审查其合规行为而采取的措施，并根据导致调查的事件适当更改措施。CMA期待合规行为和采取的措施与企业规模相适应。除一些特殊情形外，CMA不会将合规行为的存在视为一个从重情节而对其增加罚款金额。这些特殊情形包括：合规行为被用于隐藏或促进违法行为的实施，或者在CMA调查中进行误导。应当注意的是，CMA已经颁布了《帮助企业实现竞争合规的指南》。

⑤ CMA的介入是在行使CA98第26条至第28A条规定的权力。

- 与 CMA 合作，使相关调查更有效或/且更快速完成。[①]

第四步：根据特别威慑目标和比例原则进行调整

2.20　本步骤中，在考虑是否应当根据特别威慑目标和比例原则进行调整时，CMA 将在处罚时考虑与企业的规模和财务状况有关的适当指标。CMA 可能考虑的指标包括总营业额、利润率（包括税后利润）、净资产和股息、流动性和行业利润率，以及任何其他与案件相关的情形。CMA 一般会考虑利润和营业额的 3 年平均值。CMA 还可以考虑违法行为发生时企业的规模和财务状况指标。

2.21　鉴于企业的特定规模、财务状况以及任何其他与案件相关的情形，若根据前三步确定的罚款金额不足以对欲在将来实施违法行为的企业形成威慑，那么罚款金额将被进一步提高。通常情况下只有当企业在相关市场外的营业额占较大比例，或者 CMA 有证据证明企业从违法行为中获得的经济收益已经或有可能超过依照前三个步骤确定的罚款数额时，CMA 才会考虑进一步提高罚款金额。如果企业在其他产品或地域市场获得的收益与本案有关，那么 CMA 将把该收益与企业在本案中的相关市场中获得的收益一起纳入考虑范围。[②] 是否有必要根据本步骤对罚款金额进行调整，需要在个案的基础上进行评估。

2.22　此外，在某些特殊情况下，企业的相关营业额非常低或为零，从而导致依照前三个步骤计算的罚款非常低或为零。在这种情况下，为了实现一般和特别威慑的目的，CMA 在这个步骤中预计将对罚款金额进行更大的调整。如果相关营业额未能准确反映涉及违法行为企业的规模或者可能对竞争产生的损害，CMA 也将对罚款金额进行更大的调整。例如，在串通投标案件或者某一企业在违法行为结束时的上一营业年度的营业额异常低，则可以进行相应的调整。

---

① 遵守 CMA 指定的时限或者其他约定的事宜，对于是否满足这一步骤中的规定的减免条件而言是一个必要非充分的标准，即还需在这一标准之上考虑企业是否满足本指南第 3 部分规定的宽大处理的要求，那么其将可享受完全免除罚款或大幅降低罚款的待遇。获得宽大处理的企业将不再额外享受此处规定的减免待遇。

② 例如，在掠夺性行为案件中，相关市场可能非常小。然而，掠夺行为可能为企业提供一个具有侵略性行为的声誉，它可以在许多其他市场上利用这一优势。在与 TFEU 第 101 条和/或第 102 条规定的违法行为相关的案件中，假如相关成员国或 NCA 在特定的案件中表示同意，那么 CMA 可将企业在另一成员国获取的营业额纳入考虑范围。

2.23 为了实现特别威慑目的，在考虑罚款金额向上调整的适当水平时，CMA将确保对罚款金额的向上调整不会导致罚款与企业的规模、财务状况以及违法行为的性质不成比例或过度惩罚。

2.24 在本步骤中，CMA还将评估在其看来拟处以的罚款在整体上是否适当。如有必要，也可降低根据前三个步骤计算确定的罚款金额，以防止惩罚不符合比例原则或造成过度惩罚。在评估罚款是否符合比例原则时，CMA将考虑企业的规模、财务状况、违法行为的性质、企业在违法行为中的角色以及企业违法行为对竞争的影响。

第五步：根据企业全球营业额的10%这一最高罚款额为限进行调整，以及为了避免双重处罚进行调整

2.25 在任何情况下，根据上述步骤计算的最终罚款金额都不得超过企业上一营业年度全球营业额的10%。[①] 上一营业年度是指CMA作出处罚决定之日的上一营业年度；如果不能获取该年度的相关数据，则采用之前最近一年的相关数据。若有必要，可以对罚款数额进行相应调整，以确保罚款不超过最高罚款金额。

2.26 此外，如果违法行为在2004年5月1日之前结束，对第1章禁止规定或者第2章禁止规定中的违法行为（不是第101条或第102条中规定的违法行为）处以的任何罚款，如有必要，将进一步调整，以确保罚款不会超过2004年5月1日之前对第1章禁止规定或者第2章禁止规定中的违法行为适用的最高罚款金额，即企业在违法行为结束之日的上一个会计年度中在英国获得的营业额的10%（若违法行为持续超过一年，则相应乘以违法行为持续的年数，最长算3年时间）。[②] 第2.25段和第2.26段所指的调整将在上面的步骤2到步骤4中所有相关调整之后进行，并且在步骤6根据宽大政策、和解协议和批准自愿补偿之前进行。

2.27 如果企业联合会（如行业协会）实施的任何违法行为涉及其成员的行为，那么罚款数额不得超过在受违法行为影响的市场上积极参与的企

---

① Calculated in accordance with The Competition Act 1998 (Determination of Turnover for Penalties) Order 2000 (SI 2000/309) [as amended by The Competition Act 1998 (Determination of Turnover for Penalties) (Amendment) Order 2004 (SI 2004/1259)].

② Calculated in accordance with The Competition Act 1998 (Determination of Turnover for Penalties) Order 2000 (SI 2000/309) immediately prior to its amendment by The Competition Act 1998 (Determination of Turnover for Penalties) (Amendment) Order 2004 (SI 2004/1259).

业联合会每个成员全球营业额总和的10%。关于对行业联合会施加和执行罚款的更多细节，可参见竞争法《关于行业协会、专业组织和自律机构的指南》(the Competition Law Guideline Trade Associations, Professions and Selfregulating Bodies)(OFT408，CMA理事会正式通过)。①

2.28 如果欧盟委员会或另一个成员国的法院或其他机构就某一协议或行为施加了处罚或罚款，则CMA在确定与该协议或行为有关的处罚时，必须将其他执法机构已经施以的处罚或罚款纳入考虑范围。② 这是为了确保当某一反竞争协议或行为已经在另一成员国遭受处罚或罚款时，相关企业不会由于其造成的同一个反竞争效果而再次在英国遭受处罚。

第六步：根据CMA的宽大政策、和解协议和批准的自愿补救计划申请减少罚款

2.29 如果企业与CMA签订了宽大处理协议，且该协议是根据本指南第3部分的规定和CMA公布的宽大处理指南申请而达成的，则CMA将减少企业的罚款，前提是企业始终满足宽大处理协议的条件。③

2.30 如果企业与CMA达成和解协议，其中涉及企业承认参与了违法行为，则CMA还将适用减少罚款。④

2.31 如果企业获得自愿补救的批准，则CMA还将适用减少罚款。⑤ 申请批准的程序载于CMA《关于批准因违反竞争法提出自愿补救计划的指南》(the CMA's Guidance on the Approval of Voluntary Redress Schemes for Infringements of Competition Law)(CMA40)。

2.32 如果CMA在此步骤适用减少罚款的折扣，则这些折扣可以一并连续适用。⑥

---

① Trade associations, professions and self-regulating bodies (OFT408, adopted by the CMA Board).

② See section 38(9) of the CA98.

③ See the CMA's guidance Applications for leniency and no-action in cartel cases (OFT1495, adopted by the CMA Board).

④ See Chapter 14, Guidance on the CMA's investigation procedures in Competition Act 1998 cases (CMA8).

⑤ See paragraph 3.32, Guidance on the approval of voluntary redress schemes for infringements of competition law (CMA40).

⑥ 例如，在步骤5后，将对宽大处理减少罚款，然后对适用宽大处理减小后的罚款适用和解协议再减少，最后针对批准的自愿补救计划给予减少罚款。

财务困难

2.33 在特殊情况下，如果企业由于其财务状况而无法支付罚款，则 CMA 可能会减少对该企业的罚款。CMA 强调，这种因财务困难而调整罚款只是例外，企业不可期待以此为理由主张对其罚款进行调整。①

3. 在卡特尔案件中对提供资料的企业进行宽大处理

在卡特尔案件中因企业提供资料而免除或减少罚款

3.1 本指南中的"卡特尔行为"是指违反 TFEU 第 101 条和/或 CA98 第 1 章禁止规定的协议和/或协同行动，包括固定价格（包括转售价格维持）、操纵投标（串通投标）、限制产量或分配份额和/或市场分配或市场分割等。

3.2 参与卡特尔行为的企业可能希望停止违法行为并向 CMA 报告卡特尔行为的存在，但企业也可能因招致巨额罚款的风险而不敢提出来。

3.3 CMA 认为，对向 CMA 报告卡特尔行为并按下述规定与 CMA 合作的企业给予宽大处理的政策，符合英国的经济利益，且通常来说更符合欧盟的经济利益。卡特尔行为的秘密性质证明上述政策是正当的。确保卡特尔行为被发现和禁止以保护顾客和消费者的利益，比对参与卡特尔行为的企业处以罚款的政策目标更为重要，但这些企业要按照下述规定在很大程度上与 CMA 合作。

3.4 为了鼓励参与卡特尔行为的企业主动报告，在 CMA 启动调查之前，第一个主动报告且满足第 3.13 段和第 3.14 段要求的企业，CMA 将完全免除其实施的第 101 条和/或第 1 章禁止规定的卡特尔行为的罚款。此外，对于第一个主动报告且满足第 3.16 段和第 3.17 段要求的企业，CMA 可能对其完全免除罚款或者减少不超过 100% 的罚款。对于不是第一个主动报告或者不满足上述要求的企业，如果其满足第 3.18 段至第 3.20 段的要求，CMA 可能减少最高 50% 的罚款。

请求豁免或减少罚款的程序

3.5 希望利用本部分规定宽大处理的企业必须遵照 CMA《卡特尔案

---

① See Sepia Logistics Limited (formerly known as Double Quick Supplyline Limted) v. Precision Concepts Ltd. [2007] CAT 13, at [94]. See also GF Tomlinson Group Limited and Others v. Office of Fair Trading [2011] CAT 7, at [262].

件宽大不起诉申请指南》(the CMA's Guidance on Applications for Leniency and No-action in Cartel Cases,OFT1495)或者监管部门发布的任何同等指南所规定的程序,联系 CMA。[①] 提出申请的个人应有权代表相关企业。

3.6 初期可以通过电话的方式沟通。[②] 潜在申请人可以选择不公开企业身份与 CMA 进行沟通,也可以寻求法律顾问的帮助。[③] 然而,在正式提出申请之前,申请人必须将其名字告知 CMA。

3.7 《卡特尔案件宽大不起诉申请指南》(OFT1495)对下述两个方法的相互关系提供了详细的指引:(1)CMA 对本指南中所述的企业进行宽大处理的方法;(2)CMA 根据《2002 年企业法》第 190(4)条发出"不起诉函"以确认对卡特尔犯罪免予起诉的方法。

宽大适用和欧洲竞争网络

3.8 欧盟委员会和一些 NCAs(成员国竞争执法机构)也有促进违法行为发现的宽大制度。[④]

3.9 如第 1.2 段所述,《现代化条例》创设了 NCAs 和欧盟委员会都可以适用第 101 条和第 102 条的体制。欧洲竞争网络(the European Competition Network,ECN)促进了 NCAs 与欧盟委员会之间的紧密合作,并确保欧盟竞争规则的有效和统一适用。如果满足案件分配标准,NCA 将被视为合格的执法主体。关于这些标准的细节可参见《委员会关于竞争执法机构网络内合作的通知》(Commission Notice on Cooperation within the Network of Competition Authorities,以下简称《网络通知》)。[⑤]

3.10 在大多数情况下,CMA 收到宽大申请后(如果其认为具有案件

---

① See the CMA's guidance Applications for leniency and no-action in cartel cases (OFT1495).

② 潜在申请人可致电:020 3738 6833。

③ 参见第 3.24 段的保密规定。

④ 欧盟委员会文件:《关于卡特尔案件中免除和减轻罚款的委员会通知》(欧洲共同体官方公报:C298,08.12.06,第 17 页)涉及"秘密卡特尔"。该通知将卡特尔定义为:"两个或多个竞争者之间达成的协议和/或协同行为,目的在于在市场上协调其竞争行为和/或通过其行为影响竞争的相关决定因素,如固定购买或销售价格或其他交易条件、分割生产配额、包括操纵投标的市场分配、限制进出口和/或对其他竞争对手实施反竞争行为。"因此,该通知仅仅适用于横向协议。CMA 的民事宽大政策适用于卡特尔行为(如第 3.1 段所述),也就是说适用于横向协议和任何形式的固定价格(包括转售价格维持)。

⑤ Commission Notice on Cooperation within the Network of Competition Authorities, Official Journal C101, 27.04.04, page 43.

的管辖权),将继续负责调查该案件。向 CMA 提出的宽大申请,不被认为已向 ECN 内另一执法机构提出宽大申请,即使其他执法机构正在进行平行调查,或者后期取代 CMA 实施调查。因此,向所有有权在受违法行为影响的地域范围内适用第 101 条且对该违法行为享有管辖权的竞争执法机构提出宽大申请,符合申请人的利益。鉴于大多数现有宽大制度中时间的重要性,申请人也有必要考虑是否同时向相关执法机构提出宽大申请。接受宽大申请的成员国竞争执法机构名录可在欧盟委员会网站上获得。① 个人申请可以与 CMA 进行沟通。②

3.11 根据 ECN 的示范宽大制度(ECN Model Leniency Programme),③ CMA 将在下述情形的卡特尔案件④中接受简易形式的"概括申请":

- 根据《网络通知》第 14 条的规定,委员会是行使管辖权的特别合适主体;
- 根据《网络通知》第 8 条的规定,CMA 认为其管辖也是合适的;
- 申请人已经或正在向委员会提出豁免申请;
- 申请人根据第 3.13 段规定可获得免除罚款的待遇。

3.12 关于如何在 ECN 内进行信息交流,以及如何保护与此类信息交流有关的宽大申请人的顺位的细节,可参见《网络通知》(参见第 39 段至第 42 段)。

在卡特尔案件中,在 CMA 展开调查之前第一个主动报告的企业完全豁免处罚

3.13 CMA 开始对卡特尔活动启动调查⑤之前,如果 CMA 尚未掌握充足的资料证明存在受指控的卡特尔行为,那么第一个⑥向 CMA 提供市场上

---

① See the document on the European Commission's website: List of National Competition Authorities which operate a leniency programme.

② 参见第 3.24 段的保密规定。

③ ECN Model Leniency Programme.

④ 关于"概括申请"的更多信息,参见 the CMA's guidance Applications for leniency and no-action in cartel case (OFT1495, adopted by the CMA Board)。

⑤ 为了实现这些目的,CMA 将在满足下述条件时启动调查:(a)已经具有怀疑卡特尔行为的合理理由,从而可根据《2002 年企业法》第 192 条和/或 CA98 第 25 条开展调查;(b)已经采取了与调查相关的积极措施。这些积极措施可能或明或暗,且可能涉及也可能不涉及收集法定信息权力的使用。

⑥ 如果 CMA 已经收到企业免除罚款的申请或个人根据《2002 年企业法》第 190(4)条的规定寻求免于刑事起诉的申请,那么本段中所承诺的免除罚款将不可适用。

卡特尔行为证据的企业,若满足以下(a)至(e)的条件,将获得完全免除罚款的待遇:①

(a)承认参加了卡特尔行为;

(b)向 CMA 提供了其掌握的所有与卡特尔行为有关的资料、文件和证据;

(c)在整个调查过程中持续和全面配合,直到 CMA 调查后任何行动的结束(包括刑事程序和民事或刑事的上诉);

(d)向 CMA 报告卡特尔行为后,不再参与卡特尔违法行为(CMA 指示其继续参与的除外);

(e)没有采取措施强迫另一企业参加卡特尔行为。

3.14 企业提供的信息、文件和证据应在最低程度上使 CMA 具有充足的理由发动可信的调查。

3.15 如果企业不符合第 3.13 段和第 3.14 段规定的完全免除罚款的条件,其仍然可以根据第 3.16 段和第 3.17 段的规定获得减少不超过 100% 罚款的待遇,或根据第 3.18 段至第 3.20 段的规定获得减少最高 50% 罚款的待遇。

在卡特尔案件中,在 CMA 启动调查之后第一个主动报告的企业免除罚款或减少不超过 100% 的罚款

3.16 满足以下条件的企业可享受免除罚款或减少不超过 100% 的罚款:

- 依据本段规定寻求免除或减少罚款的企业应在 CMA 发出异议声明之前,第一个②向 CMA 提供市场上卡特尔行为证据;③
- 符合第 3.13 段(a)至(e)的条件;
- 该企业提供的资料、文件和证据在最低程度上对 CMA 的调查具有

---

① 关于这些条件解释的详细信息,参见 the CMA's guidance Applications for leniency and no-action in cartel cases (OFT1495, adopted by the CMA Board)。

② 如果根据第 3.13 段和本部分规定申请免除罚款的企业或者根据《2002 企业法》第 190(4)条寻求免于刑事起诉的个人,在此之前已经向 CMA 报告了同一卡特尔行为,那么本段中的免除罚款或者减少不超过 100% 的罚款将不可适用,例外情况是若前一个申请者仅是申请企业的个别员工或高级职员,那么本段中的申请人仍然可作为第一个主动报告的企业。

③ Under Rule 5 of The Competition Act 1998 (Competition and Markets Authority's Rules) Order 2014 (SI 2014/458).

重要价值。也就是说，它们必须构成或包含真正推动调查的资料。

3.17 CMA 享有是否给予免除罚款或减少不超过 100% 的罚款的自由裁量权。CMA 在行使裁量权时，在考虑宽大申请人提供的证据的总体价值后，确信应该给企业减少罚款。这通常取决于企业主动报告阶段，CMA 已经掌握的资料、文件和其他证据，以及企业所提供的资料、文件和证据的证明价值。同时，CMA 也会考虑企业配合调查的整体情况。

在卡特尔案件中，减少不超过 50% 的罚款

3.18 对于在异议声明发出之前提供卡特尔相关证据，但又不是第一个或者不符合第 3.13 段和第 3.14 段或第 3.16 段和第 3.17 段（视情况而定）中完全免除罚款或减少罚款条件的企业，如果其符合以上第 3.13 段中的（a）至（d）的条件，则可以视情况减少不超过 50% 的罚款。企业提供的资料、文件和证据，在最低程度上，对 CMA 的调查有重要价值，即它们必须真正促进了调查工作的开展。

3.19 判断是否减少罚款的关键标准取决于申请宽大处理的企业所提供的资料、文件和证据的整体附加值。这通常取决于企业主动报告阶段，CMA 已经掌握的资料、文件和证据，以及企业所提供的资料、文件和证据的证明价值。同时，CMA 也会考虑企业配合调查的整体情况。

3.20 在这种情况下，CMA 对于减少罚款具有自由裁量权。CMA 在行使裁量权时，在考虑第 3.18 段和第 3.19 段所列的诸因素后，确信应该给企业减少罚款。

额外减少罚款（附加的宽大）

3.21 在某一个市场（“第一市场”）中实施卡特尔行为并根据 CA98 配合 CMA 调查的企业，也有可能在另一个市场（“第二市场”）中实施违反第 101 条和/或第 1 章禁止规定的完全独立的卡特尔行为。

3.22 如果企业在第二市场中就其违法行为获得第 3.13 段和第 3.14 段中的完全免除罚款或者根据第 3.16 段和第 3.17 段规定减少不超过 100% 的罚款，那么其也可以仅就其在第一市场中的配合表现获得额外的减少的罚款。①

---

① 为了避免疑惑，企业没有必要在第一市场中获得减少罚款的宽大处理，企业配合调查的这一从轻因素已经足以使其获得减少罚款的处理。

3.23 假设CMA正在调查包括ABC公司在内的生产商参与的小型工具市场的卡特尔行为。ABC公司通过内部自查又发现，该公司不仅参与了小型工具市场的卡特尔行为，公司的一个部门还参与了齿轮市场的卡特尔行为。ABC公司正在配合CMA调查小型工具市场的卡特尔行为，且也有意通过披露参与齿轮市场的卡特尔行为而寻求宽大处理。假如ABC公司满足与齿轮市场相关的完全免除罚款或者减少不超过100%的罚款的条件，那么其在小型工具市场获得因配合调查减少罚款以外，还可以在小型工具市场获得额外的减小罚款。也就是说，其由于在齿轮市场(第二市场)的配合调查而获得了在小型工具市场(第一市场)的额外的减少罚款。

保密

3.24 一个主动报告卡特尔行为证据的企业，可能担心披露其作为自愿提供资料的企业的身份。因此，在直到异议声明发出之前的整个调查过程中，CMA将尽可能地努力为上述企业保密，并要求在ECN范围内按规定进行资料交流。至于在何种情况下将或可能有必要公开申请宽大待遇的企业身份或其提供的资料、文件和证据，CMA在《卡特尔案件宽大不起诉申请指南》中提供了详细的指引。[①]

① The CMA's guidance on Applications for leniency and no-action in cartel cases (OFT1495, adopted by the CMA Board).

法国罚款指南

2011年5月16日关于确定罚款方法的通知[*]

Notice of 16 May 2011 on the Method Relating to the Setting of Financial Penalties

一、适用于罚款的法律规定

1. 根据《法国商法典》(the Code of Commerce)第L. 464－2条第一节和《理事会关于执行〈欧共体条约〉第81条、第82条[现为〈欧盟运行条约〉(TFEU)第101条、第102条]规定的竞争规则的第1/2003号条例》(2002年12月16日)第5条规定,法国竞争管理局(the French Competition Authority,以下简称竞争管理局)有权对从事《法国商法典》第L. 420－1条、第L. 420－2条和第L. 420－5条以及TFEU第101条、第102条所禁止的反竞争行为的企业和实体处以罚款。

2. 这种罚款权是《法国商法典》第L. 461－1条授权竞争管理局履行职能,实施竞争法规则的手段之一。这项授权旨在确保市场参与者享有以最佳价格进行创新、生产和销售优质商品与服务的自由,但不会导致协议的滥用,从而妨碍经济的竞争性运行,损害其他企业和消费者,并最终影响经济增长和公民的福利。这就要求竞争管理局不仅要实行积极的市场监督政

---

* 翻译:方莎莎,浙江理工大学硕士研究生;校对:王健,浙江理工大学教授。

策，而且要促使市场参与者遵守竞争法规则，及时防止、[1]发现、补救和制裁违反竞争规则的行为。

3.《法国商法典》第 L. 464 －2 条第一节第 3 款规定了罚款金额确定的法律标准。该条规定："罚款必须与违法行为的严重程度、对经济造成损害的严重程度、受制裁主体（经济实体、企业或者企业集团）的状况以及可能重复《法国商法典》第四卷中第六编所禁止的行为相一致。对每个受制裁的企业或实体单独处以罚款，并分别进行说理解释。"

4.《法国商法典》第 L. 464 －2 条第一节第 4 款规定了最高罚款金额。该条规定："若违法主体并非企业，则最高罚款是 300 万欧元。若违法主体为企业，则最高罚款金额可以达到参与违法行为最后一个会计年度实现的全球税前营业额的 10%。根据适用于企业形式的规定，如果企业联合或合并财务报表的，所考虑的营业额为联合或合并企业的报表中所示的营业额。"

5. 上述法律条款近期已被 2001 年 5 月 15 日颁布的《新经济条例》（New Economic Regulations, 2001 －420 号）第 73 条修改，其目的就如《新经济条例》序言所言，是为了"强化罚款的威慑效果"。为此，首先，政府和议会重申了法律标准，必须根据这些标准确定罚款金额。其次，他们呼吁将"企业集团的营业额"纳入确定罚款金额的考量因素，以"更好地适应企业集团实施的反竞争实践"。再次，他们授权竞争管理局可以将"参与违法行为最后一个会计年度实现的全球营业额纳入参考"，而不再仅考虑"法国上一会计年度的营业额"，其目的在于遏制过去存在的规避计划。最后，他们决定依照欧盟及其多个成员国的法律，将最高罚款额（将）上调至全球营业额的 10%。

二、本通知的内容

6. 本通知解释了竞争管理局根据《法国商法典》第 L. 464 －2 条第一节

---

① 竞争管理局鼓励企业制定反垄断合规计划。它将很快就其合规的一般方法提供指导，以便在这方面协助企业。同时，在《法国商法典》第 L. 464 －2 条第三节规定的和解程序中，考虑设定承诺建立反垄断合规计划建议的条件。如果认为这些计划是相关、值得信赖和高效的，则给予减少罚款。具体条件将在即将发布的与此程序相关的程序通知中予以解释。

规定，在实践中根据个案确定罚款的方法。① 它还综合了巴黎上诉法院对竞争管理局处罚决定进行司法审查后发展的实践做法的主要特点，巴黎上诉法院的判决将由法国最高法院进行司法审查。

7. 本通知要求竞争管理局在处以罚款时必须一视同仁。因此，如果竞争管理局无合理理由，也无排除适用的例外情况或者保护公共利益的动机，来解释这种偏离法律标准处以罚款的行为，则这一行为违法。

8. 考虑到竞争管理局实践做法和最高上诉法院、巴黎上诉法院以及宪法法院、法国最高行政法院、欧洲联盟法院和欧洲人权法院判例法的进一步发展，法规竞争管理局可以对本通知进行更新或修改。

9. 以下各节包括：本通知的宗旨（三）；竞争管理局对反竞争行为实施主体处以罚款时采用的方法（四）；在与招标有关的一些反竞争做法的情况下，这一方法的适用（五）。

三、竞争管理局的宗旨：增加透明度并详细说明罚款的法律问题

10. 法律赋予竞争管理局很大的裁量余地，使其可以根据个性化的法律要求及比例原则，根据《法国商法典》第 L. 464 – 2 条第一节规定的标准，就案件的具体情况逐案确定罚款。

11. 根据巴黎上诉法院的判例法，②这些罚款旨在惩罚违反竞争规则的行为人，并威慑市场参与者从事此类行为。因此，根据《法国商法典》规定的标准以及一般法律原则，在个案的基础上确定罚款有惩罚和威慑的双重目标，后者既针对被罚款的单个企业或实体，也针对一般的其他市场参与者。

12. 如果反竞争行为可能影响欧盟成员国之间的贸易，则竞争管理局有权执行与《法国商法典》第 L. 420 – 1 条和第 L. 420 – 2 条并行的《欧盟运行条约》（TFEU）第 101 条和第 102 条的规定。欧盟法院在这方面判决："由国家竞争主管机构或欧盟竞争执法机构根据 TFEU 第 103 条第 2 款第（a）项处以罚款的有效性是两者一致实施 TFEU 第 101 条、第 102 条的条件。"③在满足上述要求的情况下，竞争管理局确定罚款方法时须遵循相应原则，即在

---

① 因此，本通知不涉及竞争管理局根据其他条文（如《法国商法典》第 L. 464 – 2 条第五节、第 L. 464 – 3 条和第 L. 430 – 8 条）的规定确定罚款的方法。

② Court of Appeal of Paris, 9 April 2002, Géodis Overseas France.

③ Court of Justice, 11 June 2009, X BV (Case C – 429/07), point 37.

《法国商法典》第 L. 464 - 2 条第一节所规定的法律框架内行使裁量权处以罚款时，需要遵循整个欧洲竞争管理主管机构得出的共识，以确保在罚款方面遵循的方法的有效性和一致性。①

13. 竞争管理局对违反竞争规则的企业或实体处以罚款时，要考虑《法国商法典》第 L. 464 - 2 条规定的主要因素。近年来，这些处罚决定的说理与上诉审法院判决的说理一起，有助于在个案中实现竞争管理局裁量权行使的透明度。然而，这种说理必然反映个案的具体事实和背景。此外，它不会预先判断竞争管理局在其他情况下可能确定罚款的方式。

14. 在这种情况下，本通知的发布，是法律所预见的，②只要竞争管理局认为这是行政法院判例法意义上的"指南"。③ 本通知的宗旨是，对竞争管理局在《法国商法典》第 L. 462 - 2 条第一节所规定的法律框架内确定罚款、在实践中行使罚款裁量权的方式提供预先指导，从而提高透明度。本通知的公布，使利益相关者可以更好地了解竞争管理局是如何确定罚款的，使法院更轻松地审查罚款决定的过程。

15. 为了达到上述效果，竞争管理局在本通知中阐明了确定罚款的方法：该方法的不同步骤构成了竞争管理局行使其罚款裁量权的方式，而不是竞争管理局根据个案的具体情况进行的个性化罚款裁量。本通知也没有详细列出在这种情况下应当考虑的所有因素。

16. 根据个案评判的法律要求，设定罚款可能会使竞争管理局考虑各种因素，而每种因素的性质和重要性可能因个案而异。因此，从竞争管理局的角度出发，为了企业和利益实体的最佳利益，在确定罚款时除遵循上述方法外，提出确定罚款的机械比例以预先知道罚款的确切数额这一方法，既不可行，也不可取。这一数额只有根据所涉决定的理由和具体情况才能充分理解。

17. 竞争管理局的服务指示（调查服务）向有关企业或实体指出了可能

---

① See the document published by the ECA (Association of European Competition Authorities) in May 2008, "Pecuniary sanctions imposed on undertakings for infringements of antitrust law: Principles for convergence". This document is available on the website of the Autorité.

② Article 7 of the Law N. 78 - 753 of 17 July 1978 dealing with various measure improving the relations between the administration and the general public as well as with various administrative, social and tax provisions.

③ Conseil d'Etat, 11 December 1970, Crédit foncier de France.

会产生影响的案例文件中所包含的法律和事实的基本要点，从他们的观点来看，这些基本要点可能会影响竞争管理局理事会确定罚款数额，理事会就上述要点对该企业或实体进行裁量以决定是否作出处罚。

18. 该通知在根据《法国商法典》第 L. 463 –2 条通知的报告中进行，如有必要，该报告可提及利益相关方先前知晓的因素，尤其是反对声明。如果未根据同一法典第 L. 463 –3 条或第 L. 464 –2 条第三节起草报告，则该通知最迟应在反对声明的补充说明中进行。

19. 对以上第 17 点提到的因素进行裁量，以及根据本通知中所述的方法裁量后确定罚款，是理事会的唯一权限。理事会的处罚决定，应当重申为确定罚款而进行说理的主要步骤。

四、确定罚款时应遵循的方法

20.《法国商法典》规定了确定罚款的四个标准：

——违法事实的严重程度；

——对经济造成损害的严重程度；

——受制裁实体或企业或企业集团的状况；

——再次出现反竞争行为（如果有的话）。

21. 以下是竞争管理局在实践中遵循的方法，按照《法国商法典》规定的顺序在个案中实施这些标准。（A）竞争管理局鉴于事实的严重程度以及对经济造成损害的严重程度，依据违法行为的标准，确定每个企业或违法实体的基础罚款金额；（B）在暂时不考虑再犯行为的情况下（该问题被法律视为一个独立的标准），竞争管理局考虑具体行为和每个企业或违法实体的具体情况等有关因素，调整基础罚款金额；（C）考虑再犯情况，对于相关企业或实体增加罚款金额；（D）将所调整的罚款金额与法定最高罚款限额进行核对，然后在减少之前考虑由于宽大处理或和解而产生的减少额（如果适用），在确保有必要且有担保的情况下，根据企业或实体支付罚款的能力进一步调整。

A. 基础罚款金额

22. 竞争管理局基于案件相关因素，考虑违法事实的严重程度以及在对经济造成损害的严重程度的裁量，为每个企业或实体确定基础罚款金额。违法行为持续时间问题既关系到违法事实的严重程度，也关系到对经济造成损害的严重程度,在这两个角度下,这一因素应当被分别考虑。

23. 为了将对违法事实的严重程度和对经济造成损害的严重程度的裁量转化为数字,竞争管理局将依据销售价值的一定比例确定基础罚款金额。该销售价值是涉案企业或实体与违法行为有关的商品或服务的价值。这些销售价值构成了适当且客观的参考。一方面,可以因此根据个案的具体情况使罚款金额与所涉违法行为的经济规模相符;另一方面,销售价值反映了参与违法行为的每个企业或实体在有关产业或相关市场上的相对权重。因此,竞争管理局与其他欧洲竞争主管机构将其作为计算罚款的基础,而不是将可能与违法行为无关或与相关产业或相关市场中每个涉案企业或实体的权重无关的总营业额作为计算罚款的基础。

24. 如果将这些销售价值作为参考,那么第一步,为了根据违法事实的严重程度和对经济造成损害的严重程度来确定基础罚款金额,不应将其他与罚款金额不相称的因素,与销售价值相提并论确定罚款。在这些因素中,尤其是涉案实体或企业用以表明其规模、经济实力和全球资源的总营业额,并不影响涉案主体可能存在无法支付罚款的困难。这就是为什么竞争管理局会特别考虑到这一因素以及企业所属集团的整体营业额的原因,进而在第二步中,根据《法国商法典》在考虑所提供的其他标准的情况下调整基础罚款金额(参见下面的 B 节、C 节和 D 节)。

1. 评估违法事实的严重程度以及对经济造成损害的严重程度

a. 违法事实的严重程度

25. 考虑到案情的所有相关因素,竞争管理局对违法事实的严重程度进行客观、具体的评估。如果有多家企业或实体实施了违法行为,或者在相关情况下参与了违法行为,则在不影响与每个企业或实体的具体行为和个人情况有关的因素的情况下,竞争管理局对违法事实的严重程度进行总体评估,这些因素将在以后的阶段加以考虑。

26. 为了评估违法事实的严重程度,竞争管理局会根据其相关性考虑以下因素:

——所涉违法行为的性质以及为查明违法行为而考虑的事实(竞争对手之间的反竞争协议,其严重程度可能有所不同,具体取决于它是核心卡特尔还是简单的信息交换;在给定的纵向关系中,两个参与者之间的反竞争协议,如制造商对其零售商施加的零售价格维持;滥用支配地位,可能是排他性或剥削性的)、与它们有关的竞争参数的性质(价格、客户群、产出等),以及在相关情况下它们的组合;鉴于其内在的严重性,这些因素在《法国商法典》第L.420-1条和第L.420-2条以及TFUE第101条和第102条明确列出的反竞争行为中起核心作用;

——相关行为、行业或市场的性质(公用事业、公共采购、最近开放竞争的部门等),以及相关情况下它们的组合;

——易受影响的主体的性质(如中小型企业、弱势消费者等);

——违法行为的客观特征(保密性、完善程度、是否存在监督机制或报复性计划、管制滥用等)。

b. 对经济造成损害的严重程度

27. 对违反竞争规则的行为主体施加的罚款具有惩罚性和威慑性(但绝不具有补偿性),目的在于恢复和维护经济公共秩序,因此已经对经济造成损害与处于危险之中的不同反竞争行为造成的受害者损失是有区别的。另外,对经济造成的损害不仅限于竞争法违法者由于实施反竞争行为而可能获得的非法利润,因为损害涵盖了这些做法可能对直接或间接有关的行为、行业或市场的竞争性运作以及对整个经济造成的所有干扰。它不仅包括违法行为可能对中间或最终消费者以及整体公众造成的福利转移和损失,而且特别包括它对其他市场参与者的激励的不利影响,如在创新方面。因此,它不局限于精确可测量的损失。

28. 对经济造成的损害不能被推定。考虑案件的所有相关因素,竞争管理局客观地评估了行为对经济造成损害的严重程度,就如对个别受害者所遭受的损害的评估一样,无须对其进行量化。竞争管理局的评估通常基于定性因素,但当这些因素中的定量因素可用且可靠时,也可能进行评估。

29. 如果当事方以合适的方式提交了旨在评估可能造成经济损害的某些方面的经济研究报告,则竞争管理局将对这些研究报告进行评估并在其处罚决定中陈述评估结果。这些研究必须适应实践以及相关行业或市场的实际特点。此外,为了使竞争管理局评估其相关性、可靠性和稳定性,经济研究报告必须详尽描述其使用的所有数据,以及所依赖的所有参数、假设和所采用的所有方法。这些研究还必须以简洁、可理解和客观的方式陈述其所达到的结果以及根据研究就所涉案件可以得出的后果。最后,这些研究还必须随附产生过程中使用的所有数据和程序,以便竞争管理局可以在评估中从这种情况中得出结论。

30. 无论是主动评估还是当事人已提交经济研究报告，竞争管理局在量化数据评估过程中，都不会执行假定的反事实分析模式。

31. 如果有多家企业或实体实施了违法行为，或者在相关情况下参与了违法行为，在不影响每个主体特定行为和个人情况等这些将在以后阶段予以考虑的相关因素的情况下，竞争管理局会对经济造成损害的严重程度进行全面评估。

32. 为了评估违法行为对经济造成损害的严重程度，竞争管理局考虑以下因素，具体取决于它们的相关性和可用范围：

——违法行为的规模（地域范围、涉案企业的数量、重要性和所涉企业合并市场份额等）；

——所涉行为、行业或市场的经济特征（进入壁垒、集中度、价格弹性、利润率等）；

——违法行为的短期和中期后果[预期的超额收费，可预见的价格下跌的障碍，对相关行业（市场）、上游或下游行业或市场的间接影响等]；

——违法行为的长期后果（设置进入壁垒，排斥、控制或阻碍竞争对手，产品或服务质量或创新的下降，阻碍技术进步，对所涉行业或其他行业竞争力的影响等）；

——对经济、上游市场参与者，下游用户和最终消费者的广泛影响。

2. 基础罚款金额的确定

a. 销售价值

33. 竞争管理局将违法事实的严重程度和对经济造成损害的严重程度的评估转换为数字的参考依据是与违法行为相关的商品或服务类别的销售价值，但在不影响以下第37条的情况下，这一金额是涉案企业或实体在参与违法行为的最后一个完整会计年度内的销售总数额。鉴于反竞争目的或效果，竞争管理局作出的反竞争行为法律特征描述中陈述了商品或服务的类别。

34. 涉案销售价值全部在法国取得。

35. 它们的价值对应于根据上述第33条定义所涉及的企业或实体商品或服务的营业额。

36. 涉案企业或实体将这些销售价值以及所有必要的数据提供给竞争管理局，以检查其准确性。当涉案企业或实体未提交数据时，或者当提交的数据看起来不完整、不可靠性或不充分时，竞争管理局就无法有效地参考这些销售价值。在这种情况下，它会以可获得的数据为基础，例如总营业额，确定销售价值，即使这些数据与已实施的违法行为没有直接关系，因此对企业或相关实体产生不利影响。

37. 如果竞争管理局认为参与违法行为的最后一个完整会计年度明显不具有代表性，它将选择其认为更合适的会计年度或平均会计年度。竞争管理局将列出选择的理由。

38. 如果某个企业集团实施违法行为，则所考虑的销售价值是该集团中所有企业的销售总价值。

39. 在竞争管理局认为参考销售价值或考虑其依据的条件将导致结果明显不足以充分反映违法行为的经济规模或每个参与企业或实体的相对权重，上述方法可能会适当调整。例如，可能是以下情况：

——违法行为是指企业在销售某些商品或服务时，串通收取佣金的行为，在这种情况下，竞争管理局可能会以这些交易佣金为参考依据；

——企业的违法行为是为了共谋以避免在法国进行销售，在这种情况下，竞争管理局可能会考虑欧洲经济区（the European Economic Area, EEA）其他地方的销售金额。

b. 鉴于违法事实的严重程度和对经济造成损害的严重程度而考虑的销售价值的比例

40. 考虑违法事实的严重程度和对经济造成损害的严重程度，竞争管理局会依据上述第 33 条所定义的完整会计年度中的销售价值，根据具体情况确定 0～30% 的比例。

41. 在不影响上述第 7 条的情况下，如果竞争对手之间达成旨在固定价格、分割市场、分配客户或限制产量的横向协议，该比例确定在 15%～30%，具体比例取决于它们对经济造成损害的严重程度。这是因为此类做法直接目的在于操纵竞争的关键参数，并且由于其保密性而属于最难被发现的违法行为。究其原因，就其性质而言，这是对竞争规则最有害的违法行为，并且是被经济合作与发展组织（OECD）称为“难以承受”的行为。[1] 对于其他

---

① Recommendation N. C(98)35/Final of the Council of the OECD of 25 March 1998 concerning Effective Action Against Hard Core Cartels.

具有严重危害性的反竞争做法,也可以参照类似比例执行。

42. 如果违法行为持续一年以上,则可按以下方式考虑其持续时间:在每个涉案企业或实体参与违法行为的第一个完整年度,竞争管理局规定的比例适用于整个会计年度内的销售价值。在随后的每一年,适用于该销售价值的一半。在最后一个完整的年度中,只要案件资料允许,剩余的持续时间将按月份考虑。

B. 个案因素

43. 通过考虑从轻或从重因素(如果有),以及与每个企业或实体的个别情况相关的其他相关因素,竞争管理局会进一步调整基础罚款金额。

1. 从轻和从重因素

44. 在对所有涉案相关情况进行评估的基础上,竞争管理局可以考虑是否存在从重或从轻因素。

45. 竞争管理局考虑了从轻因素后可能会减少企业或实体的基础罚款金额。这些从轻因素可能包括:

——企业或实体提供证据表明,该企业或实体长期以来对大部分相关产品或服务采取了竞争行为,以至于以特立独行的方式破坏了所涉业务的运作;

——企业或实体提供证据证明其被迫参加违法行为;

——违法行为已得到政府的授权或鼓励。

46. 竞争管理局考虑从重因素后,可能会提高企业或实体的基础罚款金额。这些从重因素可能包括:

——企业或实体在违法行为中扮演领导者或煽动者的角色,或在筹划或实施违法行为中发挥了特定的作用;

——企业或实体为了强制实施违法行为,采取一切措施强迫其他企业或实体参与违法行为或对其他企业或实体采取了报复措施;

——企业或实体具有特定的影响力或道德权威,尤其是当其被赋予了公共服务使命时。

2. 其他个案因素

47. 为了保证罚款既具有威慑力又符合比例原则,竞争管理局可以进一步考虑与涉案企业或实体的状况有关的其他客观因素,来减少或提高基础罚款金额。

48. 尤其是在下列情况下,竞争管理局可能会减少基础罚款金额:

——涉案企业的大部分经营活动发生在与违法行为有关的行业或市场("单一产品"企业);

——涉案企业或实体面临影响支付罚款能力的特定财务困难,可以根据以下 D. 3 节所述的程序和方式予以调整。

49. 类似地,在下列情况下,竞争管理局可能会提高基础罚款金额:

——涉案企业具有重要的规模、经济实力或整体资源,尤其是与其他违法者相比;

——涉案企业集团本身具有重要的规模、经济实力或整体资源,尤其是在集团内控制涉案企业的企业(通常是母公司)要对违法行为承担责任的情况下,要考虑到这一因素。

C. 再犯因素

50. 再犯是一种从重处罚的因素,根据法律规定,鉴于其特殊的重要性,在确定罚款时必须独立考虑这一因素,以使竞争管理局能够以适当的方式惩罚和威慑涉案企业或实体违反竞争规则的不良习性。确实,屡次违法的事实证明,先前违法行为的调查和可能附加的罚款不足以促使企业遵守竞争规则。

51. 为了评估再犯因素,竞争管理局考虑了以下 4 个累积因素:

——先前违反竞争法的行为必须在相关行为终止之前被发现;这一先前的违法行为的调查处理,可能导致也可能不会导致罚款。先前的违法行为不能源于根据《法国商法典》第 L. 464 -1 条批准采取临时措施的决定,也不来自根据《法国商法典》第 L. 464 -2 条第一节具有法律约束力的承诺决定。

——就其目的或效果而言,涉案行为必须与先前调查处理的行为相同或相似。

——在竞争管理局对相关行为作出处罚决定之前,先前的违法行为的调查处理必须是确定性的。

——为了能够以适当方式处理涉案企业或实体违反竞争规则的不良习性,竞争管理局应当考虑从先前发现违法行为起到当前涉案行为起点的时间段,当这个时间段超过 15 年时,竞争管理局将不再考虑企业或实体先前的违法行为。

52. 根据上文 B 节所述的方法对基础罚款金额进行个案处理，进一步考虑再犯的情况，尤其是考虑从先前发现违法行为起到当前涉案行为起点的这一时间段以及不同违法行为的性质，罚款金额可能会增加 15% ~50% 。

D. 最终调整

53. 最终的罚款额将根据法定最高限额进行调整。然后，在适用的情况下，根据宽大处理授予的全部或部分豁免以及和解协议授予的减少额进行调整。最后，根据相关企业或实体的支付能力对其进行调整。

54. 下文第 2 条所指的个别调整是在根据法定最高罚款限额核对罚款的最终金额之后作出的，以确保有关企业或实体在任何情况下都能切实受益于因宽大或和解而给予的豁免或减少。下文第 3 条所述的调整是在事后作出的，以保证在竞争管理局作出处罚决定之日，有效地考虑涉案企业减少的支付能力。

1. 与法定最高限额的核对

55. 竞争管理局会检查最终罚款金额，因为其根据上述 B 节中所述的方法对基础金额进行个案调整，或是（如果适用）根据上述 C 节中所述的方法进行的再犯因素的考虑而得出的罚款金额不能超过法定最高罚款限额。

56. 根据《法国商法典》第 L. 464 －2 条第一节相关规定，若违法主体为企业，则最高罚款金额可以达到参与违法行为最后一个会计年度实现的全球税前营业额的 10% 。根据适用于企业形式的规定，如果企业联合或合并财务报表的，所考虑的营业额为联合或合并企业的报表中所示的营业额。

57. 如果违法主体不是企业，则最高可处以 300 万欧元的罚款。

58. 在任何一种情况下，如果适用《法国商法典》第 L. 464 －2 条第三节，则该最大罚款金额可以减半。

59. 如果竞争管理局适用《法国商法典》第 L. 463 －3 条规定的简化程序，则最高金额为 75 万欧元，包括竞争管理局根据上述条款适用和解程序的情况。

60. 如果罚款的最终金额超过了适用的法定最高罚款限额，则会降低到该最高限额。

2. 在宽大处理及和解的情况下进行调整

61. 在适用的情况下，根据《法国商法典》第 L. 464 －2 条第四节规定的基于宽大处理而给予的全部或部分豁免，以及同条第三节所述的和解程序，竞争管理局将会调整罚款金额,该调整是按照竞争管理局适用的程序通知中所述的方式进行的。[①]

3. 支付能力

62. 尽管与违法行为有关的行业可能面临的一般困难不在《法国商法典》第 L. 464 – 2 条所规定的法律标准之内,但在确定罚款时应当考虑企业或实体遇到的具体困难。如果在具体案件中,涉案企业或实体单独提供这些支付困难的证据,则应当在确定罚款时考虑其困难。

63. 如果企业或实体基于存在特定的财务困难影响其支付罚款的能力进而请求减轻处罚,则该申请必须以书面形式向竞争管理局提出,竞争管理局将按以下方式评估请求。

64. 为了使竞争管理局能够考虑此类困难,有关企业或实体首先应在依据《法国商法典》第 L. 463 – 2 条第 2 款提供的报告的答复中提出要求。或者,如果适用该法第 L. 463 – 3 条或第 L. 464 – 2 条第三节的规定,最迟在听证前一个月提出要求。如果在此后出现此类困难,则必须在出现此类困难时立即提出,并且必须在该法第 L. 463 – 7 条规定的听证期间提出。

65. 有关企业或实体必须参照竞争管理局网站[②]上问卷中列出的要点以及其他文件(如适用)来证明存在特定的财务困难且其对支付能力的影响。只有在提出的要点能提供可靠、全面和客观的证据表明实际存在财务困难从而妨碍有关企业全部或部分支付罚款的情况下,才可以减少罚款的最终金额。在所有相关会计年度内,竞争管理局在对案件作出决定之日评估企业或实体的状况。

66. 此外,在某些特定情况下,竞争管理局可能会象征性地处以罚款,如所涉企业为一人有限责任公司或受 1901 年法律(the Law of 1901)管辖的只能筹集有限的资源的非营利组织。在后一种情况下,竞争管理局将检查非营利组织除其立即可用的资源之外,是否没有能力呼吁其成员筹集必要的资金以支付罚款。

---

① See the procedural notice of the Autorité de la concurrence of 2 March 2009 relating to the French leniency program. This document is available on the website of the Autorité.

② Questionnaire on the ability to pay of undertakings and entities. This document is available on the website of the Autorité.

五、对与招标有关的某些反竞争行为确定罚款时,应遵循以下方法

67. 如果发生与单一或连续违法行为无关的一次或多次涉及招标的反竞争行为,则将采用上述第四部分 A. 2 节中描述的方法。这是因为销售价值不是这类行为的经济规模的参照指标,这些行为本质上是瞬时的;销售价值也不是所涉企业或实体的相对权重,特别是当所涉企业或实体的参与反竞争行为包括提交密封投标或不投标的时候。

68. 在这种情况下,基础罚款金额将由适当比例决定,罚款以涉案企业、实体或企业集团在法国的总营业额为基础,依照违法事实的严重程度以及对经济造成损害的严重程度而确定。原则上,该营业额应是在发生违法行为的整个会计年度中取得的营业额。如果有多个年度的营业收入,则是最后一个完整会计年度的营业额。具体比例的确定要考虑这样一个反竞争事实,即这些反竞争做法的目的是使裁决机构对投标过程的有效性产生误解,就其性质而言,是对竞争规则伤害最大且由于其保密性最难发现的反竞争行为。

比利时罚款指南

竞争理事会关于罚款计算方法的公告*

Notice of the Competition Council Concerning the Method of Calculating Fines

2011 年 12 月 19 日竞争理事会公告

——关于依《比利时经济竞争保护法》第 63 条对限制竞争行为处以罚款的计算方法的指南

Ⅰ. 前言

1. 根据《比利时经济竞争保护法》(the Belgian Act on the Protection of Economic Competition)(2006 年 9 月 15 日)第 11 条,①竞争理事会有权就限制竞争措施作出行政决定。根据该法第 63 条,竞争理事会可以对此类违法行为处以罚款。

2.《比利时经济竞争保护法》第 11 条第 3 款授权竞争理事会就该法的适用发布通告。经与欧盟委员会竞争总署协商并采纳公众意见后,发布本

---

* 翻译:沈光,浙江理工大学法政学院讲师,荷兰马斯特里赫特大学法学博士;校对:王健,浙江理工大学教授。

需要说明的是,比利时竞争管理局已于 2014 年 8 月 26 日决定撤销比利时竞争理事会 2011 年 12 月 19 日颁布的关于罚款计算方法的公告,并以新的罚款计算规则取代。尽管如此,我们认为,比利时 2011 年的罚款计算方法在多个方面的规定仍是可圈可点的,因此还是组织力量进行了翻译。

① Belgian Official Gazette (B. O. G.) 29 September 2006, p. 50613 (consolidation of the Act of 10 June 2006 on the protection of economic competition, B. O. G. 29 June 2006, p. 32755 and of the Act of 10 June 2006 on the establishment of the Competition Council, B. O. G. 29 June 2006, p. 32746).

通告。

3. 本通告用以澄清罚款的计算方法。①

4. 为了对违反比利时和欧盟竞争规则的行为处以罚款，比利时竞争主管机构有必要行使立法者赋予的管理任务，执行《比利时经济竞争保护法》，保护公众利益。打击限制竞争和滥用支配地位的做法，是为了保证企业可以在平等条件下竞争，保证产品和服务的质量，降低价格，保护创新，促进消费者的福祉。

Ⅱ. 介绍和目标

5. 本通知旨在为接受竞争调查，可能受到理事会罚款处罚的企业或行业协会提供更多的透明度和确定性。② 违法行为的严重性和持续时间，是罚款计算的主要考虑因素。并且，在任何情况下，罚款都应考虑市场、经营者和违法行为的具体特征。

6. 同时，本通知还考虑了在竞争法领域作出制裁要满足的典型条件。例如，对限制竞争和滥用优势地位行为所处的罚款，往往与受害者预估的违法行为可能造成的经济后果并不一致。

7. 此外，竞争规则的有效执行需要罚款能产生足够的威慑作用。在这种意义上，罚款不仅是对实施违法行为的企业或行业协会的制裁，也会对相关企业或行业协会以及整个市场产生威慑和预防作用。在罚款计算的每一个阶段，委员会都以罚款必须具有足够的威慑效果作为指引。

具有足够威慑效果的罚款也是有效实施宽大制度的基本条件。③ 如果罚款不能产生足够威慑作用，违法者就没有动力提出实施宽大制度的请求。

8. 本通知可以使有关企业、行业协会以及竞争事务控告者在理事会大

---

① 本通知不适用于对以下行为施加的罚款：不及时或不完整地提供信息等程序违法行为（《比利时经济竞争保护法》第 64 条第 1 款），涉及经营者集中而未通知或逾期通知（《比利时经济竞争保护法》第 64 条第 2 款），在理事会大会同意之前作出经营者集中的决定（《比利时经济竞争保护法》第 9 条第 4 款、第 65 条），不遵守与经营者集中有关的补救措施和/或承诺（《比利时经济竞争保护法》第 58 条第 2 款、第 1 款和第 59 条第 6 款），未在禁止经营者集中的情况下重新建立有效竞争（《比利时经济竞争保护法》63 条第 2 款）。

② 从本款起，“理事会”一词意指严格意义上的竞争理事会。

③ Article 49 APEC and the Notice of the Competition Council on immunity from fines and reduction of fines in cartel cases, B. O. G. 22 October 2007, p. 54708.

会审理案件前,确定各自在辩论中的地位,知晓理事会大会在每一个案件中罚款计算的主要考虑因素。

9. 竞争事务控告者向理事会提交提议处以罚款的论证报告时,应指明罚款计算依据的因素,本通知在这方面起到指导作用。这样可以确保在理事会审理案件时,有关企业和行业协会能够提出答辩。基于理事会关于违法行为的认定,由理事会作出最终的罚款计算。

10. 在计算《比利时经济竞争保护法》第 63 条第 1 款规定的罚款时,不应束缚于罚款的计算公式。理事会将在现有的法律框架内,以本通知为参照,始终考虑每个罚款决定涉及的事实、经济、法律因素。理事会罚款决定的分析论证应反映本指南中所述的方法。

Ⅲ. 法律框架

11. 在比利时竞争管理局的所有机构中,[①]罚款的权力只由严格意义上的理事会专有行使。[②] 立法者给理事会留下了很大的自由裁量权。《比利时经济竞争保护法》只在个别情况下对罚款最高限额作了规定。[③]

12. 理事会有权制裁违反《比利时经济竞争保护法》第 2 条和第 3 条,《欧盟运行条约》第 101 条和第 102 条的行为。

13.《比利时经济竞争保护法》第 63 条规定,确认有限制竞争行为后,对有关企业和行业协会施加的罚款不得超过营业额的 10% 。[④]

违反卡特尔禁令或滥用支配地位(《比利时经济竞争保护法》第 52 条第 1 款)、经营者集中豁免的情形不复存在(《比利时经济竞争保护法》第 52 条第 3 款、第 4 款)或在承诺决定作出后重新审理案件的(《比利时经济竞争保护法》第 53 条第 2 款),可以适用罚款处罚。理事会适用本通知以作出罚款处罚。

---

① Article 1 APEC.

② Article 63 APEC and Article 5 of Regulation 1/2003 of 16 December 2002 of the Council on the implementation of competition rules of Articles 81 and 82 of the E. C. Treaty, O. J. L1 of 4 January 2003, p. 1.

③ Article 63, first clause APEC.

④ 《比利时经济竞争保护法》第 63 条指出该法第 86 条规定了关于营业额的更详细的标准。营业额是指上一财政年度比利时全国市场以及出口销售产生的总营业额。因此,在设置罚款的最高限额时,《比利时经济竞争保护法》没有授权理事会纳入比利时以外地区产生的营业额。

14. 执行《欧盟运行条约》第 101 条和第 102 条时,成员国实施的制裁必须有效且具有威慑。理事会实施罚款的政策和个案罚款的计算,应遵循这一原则。

15. 理事会实施罚款处罚、计算罚款,适用比利时法。本通知起草过程中,理事会还考虑了欧盟委员会、其他成员国竞争主管机构的经验和实践,以及欧洲竞争主管机构、经济合作与发展组织、国际竞争法网络的资料。

16. 自新的《比利时经济竞争保护法》生效以来,理事会大会认为,不应再适用旧版的关于罚款的指南,除非由于新旧法律的过渡,导致确有必要适用旧版指南。①

Ⅳ. 罚款的计算方法

A. 介绍

17. 关于《比利时经济竞争保护法》第 63 条所指的罚款(参见本指南第 13 条),理事会按照以下方法进行计算。首先确定计算的基准。计算基准的确定要考虑违法行为的严重性,以及违法行为的持续时间,从而确保计算基准与违法行为尽可能相关。

18. 确定基础罚款金额,需要同时考虑违法行为的严重性和持续时间。这一办法,既符合理事会的惯例,也符合绝大多数国家基于违法行为的严重性和持续时间来计算罚款的做法。

19. 还需要根据每个企业的具体情况,调整基础罚款金额。如果存在特定的从重或从轻因素,或者为了使处罚更为公平,则需要调整基础罚款金额。

B. 计算基准

20. 根据竞争法实施的惯例,理事会必须优先考虑与违法行为尽可能相关的罚款计算基准。

21. 相关营业额,即与违法行为有关的货物或服务销售总额,应作为计算基准。通常把违法行为发生时的最后一整年作为相关营业额的参照依

---

① There is a specific transitional provision laid down in § 50 of the Notice of the Competition Council on immunity from fines and reduction of fines in cartel cases, B. O. G. 22 October 2007, p. 54708.

据,如果有关数据难以获得,则会作出调整。反映销售状况所必需的数据无法取得,或者已有数据不能充分反映企业的违法行为等情况下,理事会也可以估算相关营业额。理事会可以采用总营业额的一部分作为相关营业额,即使这部分数额与违法行为并非直接相关。

如果企业没有实施限制竞争行为,或在竞争调查启动前停止了限制竞争行为,可以考虑与违法行为相关的商品或服务所能实现的营业额。在这种情况下,理事会可以考虑相同或类似商品、服务曾经的销售状况。

22. 当违法行为归咎于企业协会,且与协会成员的行为相关时,理事会成员可考虑协会成员的所有营业额,同时根据第 21 条所述方法确定计算基准。

C. 违法行为的严重性

23. 违法行为的严重程度,与竞争和竞争结构受到影响或潜在影响的程度有关,也与客户或者消费者受到损害或者潜在损害的程度有关。

24. 下列违法行为可视为严重或非常严重:

——两个或多个相互竞争的企业之间、两个或多个相互竞争的协会之间或者两个或多个相互竞争的企业与协会之间达成的协议或协同行为,通过固定价格、分配生产或销售份额、分割市场、限制进口或出口、其他扭曲市场竞争的措施,达到在市场上协调竞争行为和/或影响竞争的相关决定因素的目的。

——严重限制竞争的纵向协议。①

25. 此外,所有导致排除竞争对手或潜在竞争对手,或者导致客户或消费者实质损害的滥用支配地位的行为,都被视为严重的违法行为。如果违法企业拥有强大的市场地位,则被视为十分严重的违法行为。

26. 违法行为的严重性,与限制竞争做法的固有性质和理事会决定对其性质的认定相关(参见本指南第 24 条、第 25 条:严格意义上违法行为的性

---

① Vertical agreements within the meaning of Article 1, 1 a) of Regulation (EU) 330/2010 of the Commission on the application of Article 101, clause 3 TFEU to categories of vertical agreements and concerted practices, O. J. L 102 of 23 April 2010, p. 1. The restrictions enumerated in Article 4 of Regulation nr. 330/2010 will be considered as severe restrictions.

质)。[①] 违法行为的严重性,也与违法行为发生时的经济背景有关。经济背景包括企业在市场上的地位和规模、有关商品和服务的重要性、相关市场的规模。

如果能够获得相关信息,限制竞争行为对市场和经济的影响也可以成为考虑因素。理事会也可以把企业从限制竞争行为中获得的非法收益纳入考虑范围。

27. 作为一般规则,对于严重和非常严重的违法行为,理事会处以计算基准 15% ~20% 的处罚。对于其他违法行为,处以最高 15% 的处罚。

28. 在确定上述处罚的百分比时,理事会应确保罚款可以产生足够的威慑作用。

29. 理事会在考察以上要素的基础上,针对每个违法企业确定一个百分比,乘以计算基准,得出罚款金额。该百分比不超过 30% 。该数值称为违法行为的严重性因素。

D. 违法行为的持续时间

30. 确定罚款金额时,还必须考虑违法行为的持续时间。违法行为的持续时间与其严重性直接相关,应在理事会的决定中加以界定。违法行为持续的时间越长,违法行为对市场和经济的影响就越大。违法行为长时间持续,也会对消费者的利益造成长期损害。

31. 企业、行业协会违法行为的持续时间按如下方法计算:如果违法行为持续满一整年,采用第 29 条规定的反映违法行为严重性的百分比。该百分比介于每年 10% ~30% ,视案件的情况而定。对于不足一年的违法行为,持续时间按一年计算。对于持续时间超过一年的违法行为,以季度为单位计算,不足一个季度,计为一个季度。

严重程度因素和持续时间因素合计为基础罚款金额。

32. 据此,基础罚款金额的计算公式为:

严重程度因素(计算基准乘以 X%) + 持续时间因素(严重程度因素乘以 Y%,再乘以持续的年数) = 基础罚款金额。

对基础罚款金额的计算举例如下:

---

① 在认定严格意义上违法行为的性质时,理事会必须同时考虑欧盟法上对相关禁令规定的解释是如何演变的。

假设计算基准是10万欧元，严重程度因素的百分比是20%，持续时间因素的百分比是30%，理事会认定违法行为的持续时间为5年。

严重程度因素的计算：10万×20%=2万欧元

持续时间因素的计算：（2万×30%=0.6万）×5年=3万欧元

基础罚款金额的计算：严重程度因素（2万欧元）+持续时间因素（3万欧元）=5万欧元

V. 因存在可能影响罚款范围的个别情况，需要调整基础罚款金额

A. 从重因素

33. 当证明存在从重处罚的因素时，可以对企业或行业协会增加基础罚款金额。理事会通过基础罚款金额的百分比表示增加的金额。基础罚款金额和其计算方法规定于本指南第32条。

增加的罚款数额与基础罚款金额一起计入罚款。

34. 下列情况可构成从重因素：

——同一企业或行业协会已经实施过相同或类似的违法行为。

——违法行为是企业或行业协会故意实施的。

——在调查期间不予合作，不尊重调查时限，甚至试图妨碍调查进程。

——起领导作用或教唆其他企业实施违法行为。

——为了实施违法行为，对其他企业采取报复性措施。

B. 从轻因素

35. 当证明存在从轻处罚的因素时，可以对企业或行业协会减少基础罚款金额。理事会通过基础罚款金额的百分比表示减少的金额。基础罚款金额和其计算方法规定于本指南第32条。

计算罚款时，减少的罚款数额从基础罚款金额中扣除。

36. 下列情况可构成从轻因素：

——企业的消极角色，如企业参与违法行为的程度非常有限，或在起领导作用的企业的唆使下实施违法行为。

——违法行为尚未实际实施，或在理事会的程序启动以前自愿终止了违法行为。

——违法行为是由于疏忽实施的。

——在宽大制度以外，违法行为人与理事会进行了超出法定义务的合作。

——在调查期间，或最迟在理事会审理期间，承认实施了违法行为。

——违法行为是在行政机关鼓励下实施的。

Ⅵ. 一般性意见

37. 计算的最终结果，在任何情况下都不得超过《比利时经济竞争保护法》第63条规定的最高罚款限额。理事会使用关于企业营业额的最新可靠数据，以确定是否达到法定最高限额。①

38. 涉及同一集团所属企业的案件，罚款处罚应当针对对违法行为负有责任的企业。如果子公司在市场上的行为不是其独立作出的，理事会可以认为母公司与子公司形成经济统一体，要求母公司就子公司的违法行为承担责任。

39. 根据个人责任原则，违法行为主体必须缴纳罚款。但是，如果该实体（企业或企业协会）事实上已不复存在，其活动已由另一实体实施，为了有效执行竞争规则，理事会须责令另一实体就违法行为承担责任，支付罚款。在这种情况下，理事会必须认定另一实体确已实施了理事会决定认定的行为。

40. 对企业协会处以罚款时，如果该协会业已破产，可以责令该协会要求其成员提供资金，使其能够支付罚款。

41. 本指南第Ⅴ部分所述可导致罚款增加或减少的情况，并未穷尽。在每个案件中，理事会将考虑企业或企业协会实施违法行为时具体的情形、法律背景、企业或企业协会在其限制竞争做法受调查时的表现。

在这方面，理事会也有可能会考虑企业或企业协会避免反竞争行为、减少反竞争行为造成的影响的主动性。例如，可以参考对受到损害的经营者、消费者进行的赔偿。

---

① Article 86 APEC about turnover, see also note 8 above (Article 63 refers to Article 86 APEC for more detailed criteria about the turnover which is taken into consideration as a calculation basis. It refers to the total turnover during the previous fiscal year in the national market and for export sales. The APEC therefore limits the Council regarding the turnover outside Belgium when it examines the maximum limit for fines).

42. 理事会根据上述方法确定的罚款金额，必须按照比例原则和公平原则进行审查。罚款金额从而会发生变化。

43. 罚款的适当性将根据违法行为、企业的规模进行评估，如果有其他卡特尔参与者的话，还要考虑这些参加者的规模。同罪同罚原则可以要求对不同的企业进行不同的处罚。

44. 在特定情况下，为了公平起见，理事会可以减轻罚款，甚至仅处以象征性罚款。

在这种情况下，理事会可以考虑实施违法行为或者作出理事会决定时，企业的经济能力。但是，如果限制竞争行为发生在过去，并且情节严重，企业或企业协会在理事会决定作出时可能遇到的财务困难，一般不予考虑。例外的情形是，企业能够证明其无法在不影响生存的同时，还能支付罚款。

45. 如果企业或企业协会要求适用宽大通知（the Leniency Notice），[①]必须首先计算基础罚款金额。如果企业或企业协会被免于罚款处罚，罚款将减至零。如果企业或企业协会被免于部分罚款处罚，应完整计算基础罚款金额，然后根据宽大制度减免处罚的程度减少罚款。

46. 本公告自比利时政府公报公布之日起生效。本公告适用于在公布之日理事会大会尚未审理的所有案件。

---

① Article 49 APEC and the Notice of the Competition Council on immunity from fines and reduction of fines in cartel cases, B. O. G. 22 October 2007, p. 54708.

比利时 2014 年罚款计算规则*

Rules for Calculating Fines of Enterprises and Business Associations

1. 比利时竞争管理局的指导委员会已根据《经济法典》(the Code of Economic Law, CDE)①第 4 章第 25 条的规定,于 2014 年 8 月 26 日通过了以下指导规则,用以计算违反 CDE 第 4 章第 1 条和/或第 4 章第 2 条或《欧盟运行条约》第 101 条和/或第 102 条的企业与行业协会的具体罚款金额。

Ⅰ. 罚款的出发点

2. 这些规则的目的是,就根据第 4 章第 54 条和第 4 章第 70 条第 1 款可能规定的罚款金额,向受调查对象的企业和行业协会提供更为具体的法律透明度与确定性。

3. 比利时竞争管理局在计算第 4 章第 70 条第 1 款针对违反 CDE 第 4 章第 1 条第 1 款和/或第 2 条或《欧盟运行条约》第 101 条和/或第 102 条规定的企业与行业协会的罚款时,原则上应遵守本指导规则或欧盟委员会根据《第 1/2003 号条例》第 23 条第 2 款第(a)项规定处以罚款的确定方法的指南(以下简称《委员会指南》, Committee Guidelines)。

---

* 法文翻译:徐琳,湖南大学法学院副教授,法国国立尼斯大学公法学博士;英文校对:王健,浙江理工大学教授。

该罚款计算规则通过后,比利时竞争委员会 2011 年 12 月 19 日颁布的罚款计算方法的公告已经被取消。尽管 2014 年比利时新的罚款计算规则非常简单,但比利时竞争管理局在计算罚款时将更加严格地遵循欧盟委员会的罚款指南。这一新办法必须在欧洲联盟内统一对违反竞争规则的制裁的背景下看待。具体而言,无论调查是由比利时竞争管理局牵头还是由欧盟委员会牵头,在比利时活动的企业都将按照相同的计算方法受到制裁(主编注)。

① 《比利时经济法典》由 18 部法律构成,竞争法是其中的一个组成部分(主编注)。

Ⅱ. 对委员会指南的部分废除和补充

4. 委员会指南的例外或补充也适用于：

要考虑的营业额

5.《委员会指南》原第 13 条中提到的营业额已改为企业在比利时境内与违法行为直接或间接有关的营业额。

6. 如果涉案企业在比利时没有与违法行为直接或间接有关的营业额，但有 CDE 第 4 章第 74 条规定的合并营业额，则计算营业额的依据如下：

a. 如果违法行为涉及一个或多个企业承诺不在比利时销售的市场分销，对这些企业的处罚基数是根据与违法行为直接或间接有关的商品和服务的营业额计算的。该产品和服务是指该企业在地理区域市场中提供的。

b. 在其他情况下，基础罚款金额是根据参与违法行为并在比利时提供这些商品和服务的企业在比利时实施的本计算规则第 5 条所述的平均营业额来计算。

7. 罚款的最高金额须符合 CDE 第 4 章第 70 条第 1 款和第 4 章第 74 条的规定。

宽大处理

8.《委员会指南》第 34 条所含内容已由比利时竞争管理局的《关于宽大处理通知》(Communication from the Belgian Competition Authority on Leniency)代替。

9. 如果一家企业或行业协会根据 CDE 第 4 章第 46 条第 1 款的规定部分豁免罚款，则该豁免金额可从根据本规则计算。

10. 如果审计员根据 CDE 第 4 章第 46 条第 1 款的规定处理企业或行业协会的罚款，并部分免除其罚款的，应先依宽限通知书减除罚金金额。然后，根据第 4 章第 54 款第 2 项债务减免，所得数额将减少。

相同或类似违法行为

11.《委员会指南》第 28 条中的“相同或相似违法行为”一词应解释为，是欧盟内部成员国的共同标准，也是欧盟委员会的决定或者是与比利时接壤的国家竞争管理局的决定，以及英国竞争管理局的决定。

12. 如果企业集团在子公司停止参与违法行为后才取得控制权，且该子公司已实施相同或者类似违法行为的,则企业集团不是本规则所称的累犯。

Ⅲ. 过渡性条款

13. 本规则适用于自 2014 年 11 月 1 日起尚未提交竞争理事会的所有理由充分的决定草案的案件。

14. 本规则取代比利时竞争管理局 2013 年 9 月 6 日第 1/2013 号新闻稿中提到的 2011 年 12 月 19 日竞争理事会关于罚款计算方法的公告。

荷兰罚款指南

荷兰消费者和市场管理局
关于处以行政罚款的政策规则*

Policy Rule on the Imposition of Administrative Fines
by the Netherlands Authority for Consumers and Markets
(2014 年 7 月 4 日 ACM 罚款政策规则,第 WJZ/14112617 号,
于 2016 年 7 月 1 日修订)

经济事务部长,

考虑到《自治行政机关框架法》(the Framework Act on Autonomous Administrative Authorities)第 21 条,《2012 年公共采购法》(the Public Procurement Act 2012)第 4.21 条第 1 款,《关于国防和安全事项的公共采购法》(the Public Procurement Act with regard to Defense and Security Matters)第 3.8 条第 1 款,《1998 年荷兰电力法》(the Dutch Electricity Act 1998)第 77i 条,《1998 年荷兰天然气法》(the Dutch Gas Act 1998)第 60ad 条,《荷兰消费者和市场管理局(ACM)设立法》(the Establishment Act of the Netherlands Authority for Consumers and Markets)第 12I 条第 3 款、第 12m 条第 1 款和第 2 款,《荷兰竞争法》(the Dutch Competition Act)第 57 条、第 70a 条、序言和 a 部分、第 71 条、第 73 条、第 74 条、序言和第 1 ~ 5 部分,第 a 部

* 翻译:沈光,浙江理工大学法政学院讲师,荷兰马斯特里赫特大学法学博士;校对:王健,浙江理工大学教授。

分、第 75 条,《2009 年邮政法》(the Postal Act 2009)第 49 条第 1 款和第 2 款,《荷兰电信法》(the Dutch Telecommunications Act)第 15.4 条第 1 ~ 3 款,《荷兰热力法》(the Dutch Heat Act)第 18 条第 6 款、第 2.9 条第 1 款,《荷兰消费者保护执行法》(the Dutch Act on Enforcement of Consumer Protection)第 2.15 条有关的 b 部分,《欧盟能效指令实施法》(the Act on the implementation of EU directives on energy efficiency)第 22 条,2006 年 11 月 23 日修订的《1998 年电力法》(the Electricity Act 1998)第 IXC 条第 4 款序言和 a 部分、第 5 款序言和 a 部分,以及与独立电网管理细则相关的《天然气法》(荷兰 2006 年法令公报,第 614 号)。

决定:

第一章　定　　义

第 1.1 条

1. 本政策规则中涉及的专有名词,解释如下:

ACM(the Netherlands Authority for Consumers and Markets):荷兰消费者和市场管理局,即《荷兰消费者和市场管理局设立法》第 2 条所指称的机构;

基础罚款金额:用来确定行政罚款幅度依据的金额,取决于:

a. 相关营业额的百分比,或者

b. 与违法行为相关的罚款种类范围内的金额。

相关营业额:企业在上一个营业年度的营业额。上一营业年度一般是指违法行为结束之日的上一个会计年度。若违法行为持续的时间超过一年,上一营业年度是指违法行为最严重部分发生之时的上一个会计年度。违法行为持续的时间不超过一个月,则视为一个月。

年度营业额:指《荷兰消费者和市场管理局设立法》第 120 条所指的违法者的营业额。

TFEU:《欧盟运行条约》。

2. 如果违法行为持续时间不足一年的,在确定相关营业额时,将考虑违法行为持续的全部期间。

第 1.2 条

1. 相关营业额将四舍五入,以 1000 欧元为单位。

2. 已确定的行政罚款额以 500 欧元为单位，不足 500 欧元计为 0 欧元，超过 500 欧元不足 1000 欧元计为 500 欧元。

第二章　消费者、能源、竞争、邮政服务、电信

§ 2.1　总则

第 2.1 条

1. 如果 ACM 确定某一违法者有多次违法行为，它可以对每一个违法行为处以罚款，也可以对这些违法行为合并处以罚款。

2. 上一款的规定有部分例外，ACM 原则上对违反《荷兰竞争法》第 6 条第 1 款、第 24 条第 1 款，《欧盟运行条约》第 101 条、第 102 条规定的行为处以单一行政罚款。

第 2.2 条

在任何情况下，基础罚款金额的数额取决于：

a）违法行为的严重性；

b）违法行为发生时的客观情形；

c）违法行为的持续时间。

§ 2.2　具体违法行为按相关营业额的百分比处以基础罚款金额

第 2.3 条

1. 违反《荷兰竞争法》第 6 条第 1 款、第 24 条第 1 款，《欧盟运行条约》第 101 条、第 102 条的情况下，以及在 ACM 根据《2009 年邮政法》第 49 条第 1 款、第 2 款，《荷兰电信法》第 15.4 条第 2 款授权处以行政罚款时，ACM 根据相关营业额确定基础罚款金额。

2. 如果 ACM 无法根据违法者提供的信息确定相关营业额，ACM 可估算该营业额。

3. 涉及投标（操纵投标）有关的违法协议，ACM 可确定参与该协议的每个参与者的相关营业额或根据授予合同的投标可实现的相应部分的营业额。

4. 如果违法行为是由行业协会实施的，协会内每个企业的相关营业额都要考虑在内。

5. 如果 ACM 根据其掌握的信息推断出的相关营业额难以充分反映违

法行为产生的实际经济价值，ACM 可以调整相关营业额。

6. 作为具体预防措施的一部分，ACM 可以参考违法行为人在罚款决定作出之日上一财政年度的总营业额中违法营业额的权重，考虑提高相关营业额。

第 2.4 条

ACM 将基础罚款金额设定在违法者相关营业额的 0 ~ 50% 。

§2.3 其他违法行为，根据年度总营业额的千分比，处以基础罚款金额

第 2.5 条

1. 在不适用第 2.3 条第 1 款的情况下，以法律规定的最高罚款额为限，ACM 在以下类别范围内进行罚款：

类别	最低额度		最高额度	
	固定值	不取固定值，则通过相关营业额乘以下列千分比加以确定	固定值	不取固定值，则通过相关营业额乘以下列千分比加以确定
第一类	15,000 欧元	0.25‰	150,000 欧元	2.5‰
第二类	75,000 欧元	0.5‰	300,000 欧元	5‰
第三类	150,000 欧元	0.75‰	600,000 欧元	7.5‰
第四类	300,000 欧元	2.5‰	650,000 欧元	25‰
第五类	400,000 欧元	5‰	700,000 欧元	50‰
第六类	500,000 欧元	7.5‰	800,000 欧元	75‰

2. 违反附录一关于行政罚款的规定时，按照以上类别进行处罚。

3. 如果 ACM 认为适用以上分类难以处以适当的罚款，可以依更高或更低层次的类别进行处罚。

4. 设定最高基础罚款金额时所依据的相关营业额，依以下规则确定：

a. 年营业额在 0 ~ 250,000,000 欧元时，按年营业额的 100% 确定；

b. 年营业额在 250,000,000 ~ 1,000,000,000 欧元时，按年营业额的 10% 确定；

c. 年营业额在高于 1,000,000,000 欧元时，按年营业额的 2% 确定。

第 2.6 条

1. 在适用第 2.5 条第 4 款时,ACM 采用荷兰境内的相关营业额。

2. 适用本条第 1 款时,如果 ACM 认为依荷兰境内的相关营业额难以得出适当的罚款,可以采用全球范围内的相关营业额。

3. 违反《2009 年邮政法》或《荷兰电信法》时,本条第 2 款规定不予适用。

4. 关于营业额的地域分配,ACM 遵守欧盟委员会 2004 年 4 月 21 日第 802/2004 号委员会条例(EC)的合并版本中规定的原则,执行理事会关于企业间集中控制的第 139/2004 号条例(EC)(OJ 2008,C 95)。

5. 如果相关营业额不能充分反映违法行为人的实际经济实力,ACM 可以根据违法行为人的经济实力确定基础罚款金额。

6. 如果 ACM 无法根据违法行为人提供的信息确定相关营业额,ACM 可估算该营业额。

7. 在违反《荷兰竞争法》第 34 条第 1 款的情况下,相关营业额一般等同于每个企业的年度营业额的总和;在行政罚款决定作出之日的上一年度尚未实现集中的,相关营业额等同于参与市场集中的企业的营业额。

§2.4 对自然人处以行政罚款

第 2.7 条

1. 对自然人因作出有关违法行为的指示或对违法行为行使事实上的领导权而被处以行政罚款的,ACM 在适用第 2.9 条和第 2.10 条规定的从重或从轻处罚因素时,可以考虑自然人参与违法行为的程度,以及自然人在雇佣或曾经雇佣他的市场组织中担任的职务。基于违法行为的严重性、违法者的收入和财产,ACM 确定了一个起点罚款金额,以便达到一种行政罚款,无论是从一般预防角度还是具体预防角度,该罚款都具有足够的威慑作用。

2. 如有下列违法行为,ACM 将对自然人处以以下范围内的基础罚款金额:

a. 指示或实际领导本法第一类和二类违法行为,处以 0 ~ 50,000 欧元罚款。

b. 以下情形,处以 40,000 ~ 250,000 欧元罚款:

i. 指示或实际领导本法第三类违法行为。

ii. 指示或者实际领导本法第四类、第五类、第六类违法行为，但年度营业额少于 10,000,000 欧元；指示或者实际领导《荷兰竞争法》第 6 条和《欧盟运行条约》第 101 条的行为。

c. 指示或者实际领导以下违法行为，同时违法者的年度营业额在 10,000,000～250,000,000 欧元，处以 80,000～500,000 欧元的罚款：

i. 违反政策规则第四类、第五类、第六类的规定；

ii. 违反《荷兰竞争法》第 6 条或《欧盟运行条约》第 101 条；

iii. 违反《荷兰竞争法》第 24 条或《欧盟运行条约》第 102 条；

iv. 违反《2009 年荷兰邮政法》第 13b 条至第 13k 条；

v. 实施《荷兰电信法》第 15.4 条第 2 款规定的 ACM 可予以处罚的行为。

d. 指示或者实际领导以下违法行为，处以 120,000～900,000 欧元罚款：

i. 年度营业额超过 250,000,000 欧元，而且违反以下任一规定：

- 本政策规则第四类、第五类、第六类的规定；
- 《荷兰竞争法》第 6 条或《欧盟运行条约》第 101 条；
- 《荷兰竞争法》第 24 条或《欧盟运行条约》第 102 条；
- 《2009 年荷兰邮政法》第 13b 条至第 13k 条；
- 《荷兰电信法》第 15.4 条第 2 款规定的 ACM 可予以处罚的情形。

ii. 属于本款 c 项规定范围内的违法行为，以及在具体情况下，考虑其特殊情况，作为具体预防的一部分，在本款 c 项所述范围内罚款的，将不规定适当的罚款。

3. 如果 ACM 认为适用第 2 款和第 3 款的分类难以处以适当的罚款，可以依更高或更低层次的类别进行处罚。

§2.5　从重和从轻因素

第 2.8 条

1. 在确定行政罚款时，ACM 考虑从重或从轻罚款的因素。

2. ACM 尽可能合理地决定增加或减少基础罚款金额的程度。

第 2.9 条

1. 从重处罚的因素包括：

a. ACM 或欧盟委员会、司法机构等其他主管机构先前不可撤销的认定，

违法行为人实施过相同或类似的违法行为;

b. 妨碍 ACM 的调查;

c. 违法行为人煽动或带头实施违法行为;

d. 使用威胁或其他控制手段实施违法行为。

2. 如发生第 1 款 a 项规定的情形,除非根据具体情况,其结果不合理,否则 ACM 可以将基础罚款金额增加 100% 。

第 2.10 条

从轻处罚的因素包括:

1. 在宽大制度以外,违法行为人与 ACM 进行了超出法定义务的合作;

2. 违法行为人自愿向违法行为中受到损害的当事人完全赔偿了损失。

第 2.11 条

ACM 在适用第 2.9 条和第 2.10 条规定处罚指示或者实际领导违法行为的自然人时,可以考虑自然人参与违法行为的程度,以及其在雇佣或曾经雇佣他的市场组织中担任的职务,进而确定从重或从轻处罚的程度。

§2.6 在特殊情况下确定行政罚款

第 2.12 条

ACM 如果认为案件情况特殊,可以不受以上规定的约束,仅处以象征性的行政罚款。

第三章 公共采购

(略)

第四章 过渡和最后规定

第 4.1 条

对于在本政策规则生效前已起草异议声明的违法行为,应继续适用经济事务部长《关于 ACM 处以行政罚款的政策规则》(the Policy Rules of the Minister of Economic Affairs on the Imposition of Administrative Fines by ACM),因为这些规则在该日期之前紧接着就开始适用。

第 4.2 条

2013 年 4 月 24 日的经济事务部长《关于 ACM 处以行政罚款的政策规

则》予以废除。

第 4.3 条

本政策规则自 2014 年 8 月 1 日起施行。

第 4.4 条

本政策规则的名称是《2014 年 ACM 罚款政策规则》(2014 ACM Fining Policy Rule)。

本政策规则应在荷兰政府公报及其解释性说明中公布。

经济事务部长,

H. G. J. 甘普(Kamp)

瑞士罚款指南

对非法限制竞争行为处以罚款的法令*

Ordinance on Sanctions imposed for Unlawful
Restraints of Competition
（卡特尔法罚款法令，Cartel Act Sanctions Ordinance，CASO）
2004年3月12日

根据1995年10月6日《卡特尔法》(Cartel Act)①第60条规定，瑞士联邦委员会规定：

第一节　一般规定

第1条　本法令规定：

a. 根据《卡特尔法》第49a条第1款规定处以罚款的评估标准；

b. 根据《卡特尔法》第49a条第2款规定获得完全或部分罚款豁免的条件和程序；

c. 根据《卡特尔法》第49a条第3款a项规定发出通知的条件和程序。

---

* 翻译：蒋铭，浙江理工大学硕士研究生；校对：王健，浙江理工大学教授。

① SR 251.

第二节　罚款的计算

第 2 条　原则

1. 罚款应根据违法行为的持续时间和严重性进行评估。同时应适当考虑企业因其行为而可能获得的利润。

2. 在确定罚款时，应遵守比例原则。

第 3 条　基础罚款金额

根据违法行为的性质和严重性，基础罚款金额不得超过有关企业在前 3 个财政年度内的瑞士相关市场中所获营业额的 10%。

第 4 条　持续时间

如果违法行为已持续 1～5 年，则基础罚款金额最多增加 50%。如果违法行为持续时间超过 5 年，则每增加 1 年，基础罚款金额最高可增加 10% 的额外罚款。

第 5 条　从重处罚因素

1. 在情节严重的情况下，应增加根据本指南第 3 条和第 4 条规定计算的罚款金额，特别是企业有以下情况：

a. 屡次违反《卡特尔法》；

b. 因违法行为，依客观标准获得特别高的利润；

c. 拒绝与执法机构合作或试图以任何其他方式妨碍调查。

2. 如果根据《卡特尔法》第 5 条第 3 款和第 4 款对限制竞争行为的规定，企业从事下列行为的，应进一步增加根据本指南第 3 条和第 4 条规定计算的罚款金额：

a. 在限制竞争行为中起煽动或领导作用的；

b. 为了执行限制竞争的协议，指示或对其他参与限制竞争行为的企业采取报复措施，以执行限制竞争协议。

第 6 条　从轻处罚因素

1. 如有从轻处罚因素，尤其是在竞争委员会秘书处首次干预之后，最迟在《卡特尔法》第 26 条至第 30 条规定的行政程序开启之前，该企业停止限制竞争行为，应减少根据本指南第 3 条和第 4 条规定计算的罚款金额。

2. 在《卡特尔法》第 5 条第 3 款和第 4 条规定的限制竞争行为情形下，

如果企业符合下列情况,则应减少根据本指南第 3 条和第 4 条规定计算的罚款金额:

a. 在限制竞争行为中起绝对消极作用的;

b. 没有执行限制竞争协议商定的报复性措施。

第 7 条　最高罚款

在任何情况下,罚款都不应超过企业在瑞士前 3 个财政年度所获得的营业额的 10%(《卡特尔法》第 49a 条第 1 款)。

第三节　罚款的豁免

第 8 条　条件

1. 如果企业报告自己参与了《卡特尔法》第 5 条第 3 款和第 4 条规定的限制竞争行为,并且是以下第一个报告的企业,则竞争委员会应给予其完全豁免罚款:

a. 提供信息,使竞争主管机构能够根据《卡特尔法》第 27 条的规定启动竞争法行政程序;或

b. 提供证据,使竞争主管机构能够根据《卡特尔法》第 5 条第 3 款或第 4 款的规定确定违法行为。

2. 企业只有在以下情况下才能给予罚款豁免:

a. 没有强迫任何其他企业参与违反竞争法的行为,也没有在相关竞争违法行为中起到煽动或领导作用;

b. 自愿向竞争主管机构提交其影响范围内与竞争违法行为有关的所有可获得的信息和证据;

c. 在整个程序中毫无保留、毫不拖延地与竞争主管机关持续合作;

d. 在提交自愿报告或受竞争主管机构命令后,停止参与竞争违法行为。

3. 只有在竞争主管机关尚不具备足够的信息根据《卡特尔法》第 26 条、第 27 条规定就举报的限制竞争行为启动行政执法程序的情况下,才应给予根据第 1 款 a 项规定给予罚款豁免。

4. 只有在以下情况下,才应给予相关主体根据第 1 款 b 项的规定给予罚款豁免:

a. 没有其他企业已经满足第 1 款 a 项规定的完全豁免要求;以及

b. 竞争主管机构尚未拥有足够的证据证明竞争违法行为。

第 9 条　自愿报告的形式和内容

1. 自愿报告应包含有关企业本身、所报告的竞争违法行为的性质、参与竞争违法行为的其他企业以及受影响或相关市场的所有必要信息。自愿报告也可采取口头陈述的形式,随后将其转录。

2. 企业可以通过提交匿名信息来提交自愿报告。秘书处应与竞争委员会执行机构的一名成员协商,个别确定报告形式。

3. 秘书处应确认收到自愿报告,并注明接收日期和时间。其与主持机构的成员协商后,应通知报告企业:

a. 它认为根据第 8 条第 1 款规定给予完全豁免罚款的要求在多大程度上得到满足;

b. 报告企业应提交的任何补充资料,特别是为满足第 8 条第 1 款规定所述要求;

c. 如果是匿名自愿报告,则企业必须披露其身份的期限。

第 10 条　多份自愿报告的程序

竞争主管机构只有在根据第 9 条第 3 款对先前收到的自愿报告作出决定后,才考虑随后收到的任何自愿报告。

第 11 条　关于完全豁免罚款的决定

1. 竞争委员会应决定是否给予罚款的完全豁免。

2. 竞争委员会只有在此后收到排除给予罚款豁免的资料时,才可以否决秘书处根据第 9 条第 3 款 a 项关于满足完全豁免罚款条件的认定事项。

第四节　罚款的减少

第 12 条　要求

1. 如果企业自愿在行政执法中合作,并且不迟于提交证据时停止参与限制竞争行为,竞争委员会应减少罚款。

2. 减少的罚款最高可以达到根据本指南第 3 ~ 7 条规定计算出的罚款金额的 50% 。企业对执法成功作出贡献的重要性应是决定性的。

3. 如果企业根据《卡特尔法》第 5 条第 3 款或第 4 款自愿提供更多的关于竞争违法行为的信息或证据,则减少的罚款最高可以达到根据本指南第

3~7 条规定计算出的罚款金额的 80%。

第 13 条　合作形式和内容

1. 企业应向竞争主管机构提交关于报告企业本身、所报告的竞争违法行为性质、参与竞争违法行为的企业以及受影响或相关市场的所有必要信息。

2. 秘书处应确认收到证据,并注明收到的日期和时间。

第 14 条　关于减少罚款的决定

1. 竞争委员会应决定减少对合作企业罚款的金额。

2. 如果合作公司提供的证据中含有竞争委员会不知道的关于竞争违法行为持续时间的信息,则竞争委员会应当在不考虑该期间的情况下计算罚款。

第五节　通知与异议程序

第 15 条　潜在的违法限制竞争行为的通知

《卡特尔法》第 49a 条第 3 款 a 项所指的通知应以一种官方语言一式三份提交给秘书处。

第 16 条　通知表格和解释性说明

1. 竞争委员会应以通知形式具体说明通知所需的信息资料。它应说明向外国当局提交的通知在多大程度上可用于瑞士通知的目的。

2. 它应安排在《联邦公报》(the Federal Gazette)上公布通知表格和解释性说明。

第 17 条　简化的通知

在发出通知之前,秘书处和相关企业可以就通知内容的细节达成共识。在这样做时,如果秘书处认为不需要特定文件资料来评估案件,则可免除提交特定文件资料的义务。

第 18 条　确认收到通知

秘书处应向通知企业确认已收到通知。如果在任何重大问题上的资料或文件是不完整的,秘书处应要求通知企业修改通知。

第 19 条　异议程序

如果企业在确认收到通知后 5 个月内没有收到关于根据《卡特尔法》第 26~30 条开始行政执法程序的通知,则应免除根据《卡特尔法》第 49a 条第

1 款所采取的与通知事实有关的任何罚款措施。

第六节　实施日期

第 20 条　本条例于 2004 年 4 月 1 日实施。

瑞典罚款指南

确定行政罚款的方法*

Method of Setting Administrative Fines

瑞典竞争管理局,2009 年 11 月 19 日

引言

1. 根据《瑞典竞争法》(the Swedish Competition Act)(2008:579 - KL)第 3 章第 5 条规定,瑞典竞争管理局可以向斯德哥尔摩市法院申请对故意或过失违反《瑞典竞争法》第 2 章第 1 条或第 7 条以及《欧盟运行条约》(TFEU)第 101 条和第 102 条所禁止行为的企业处以行政罚款。

2. 在确定《瑞典竞争法》第 3 章第 8 条至第 11 条的行政罚款金额时,应考虑违法行为的严重性和持续时间,以及其他具有重要意义的从重和从轻处罚因素。《瑞典竞争法》第 3 章第 12 条、第 14 条和第 15 条规定了关于行政罚款宽大处理的规则。《瑞典竞争法》第 3 章第 13 条和第 14 条规定了关于减少行政罚款的规则。

3. 瑞典竞争管理局编写本备忘录,是为了说明其打算如何解释和适用《竞争法》有关行政罚款的规则。当瑞典竞争管理局起草传票申请并下达罚款命令时,将采用这种方法。

4. 该备忘录并不妨碍法院对《瑞典竞争法》有关行政罚款规定的解释。下文第 15 条、第 23 条、第 25 条和第 26 条中规定的情况仅作为举例说明,并

---

* 翻译:蒋铭,浙江理工大学硕士研究生;校对:王健,浙江理工大学教授。

不代表一份详尽的清单。

5. 在确定行政罚款金额时，采用了两步法。第一，将为每个企业确定一个制裁值（参见下文第 6 条至第 20 条）。第二，该制裁值可以向上或向下调整（参见下文第 21 条至第 28 条）。

确定制裁值

6. 将根据相关市场中的销售价值、违法行为的严重性及其持续时间来确定制裁值。

确定相关市场的销售价值

7. 评估制裁价值的依据是企业在与违法行为有关的市场（案件中的相关市场）中的销售价值。[①]

8. 如果违法行为仅涉及该企业在相关市场中的部分销售价值，瑞典竞争管理局仍应将该企业在相关市场中的总销售价值作为评估制裁价值的销售价值。

9. 如果企业在相关市场上没有销售价值，则制裁价值将通过对案件情况的整体评估来确定。对在市场上根本没有销售价值的行业协会处以罚款时，同样适用。[②]

10. 瑞典竞争管理局的计算，将以企业在其参与违法行为的最后一个完整营业年度在相关市场中的销售价值为基础。[③]

制裁价值：《瑞典竞争法》第 3 章第 8 条

11. 在评估制裁价值时，应考虑与违法行为本身有关的客观情况，即违法行为的严重性和持续时间。[④]

严重性：《瑞典竞争法》第 3 章第 8 条第 3 款

12. 违法行为严重性最高按企业在相关市场中的销售价值的 10% 来评估。

---

① MD 2005:7 (Norsk Hydro et al.) p. 44, MD 2009:11 (NCC et al.), pp. 110 and 112 and also Government Bill 2007/08:135, p. 125.

② Government Bill 2007/08:135, p. 125.

③ Cf. Guidelines on the method of setting fines imposed pursuant to Article 23 (2) (a) of Regulation No. 1/2003, OJ 2006 C 210, p. 2, item 13.

④ Government Bill 2007/08:135, p. 123.

13. 诸如横向固定价格、分割市场和限制产量协议等违法行为应被视为性质非常严重,通常应被解释为代表罚款幅度较高部分的严重行为。①

14. 当拥有类似于垄断地位的企业通过采取措施阻止新企业进入市场而滥用这一地位时,这被视为严重滥用支配地位的行为,在性质上将被视为高罚款幅度范围内的严重行为。②

15. 在确定违法行为的严重性时,将特别考虑以下情况:③

(i)违法行为的性质;

(ii)市场的规模和重要性;

(iii)违法行为对市场竞争的实际或潜在影响;④

(iv)违法行为是否已经实施;⑤

(v)消费者是否遭受了重大的直接损害或是否有众多消费者受到影响。⑥

16. 在评估违法行为的严重性时,可能要考虑的各种因素在整个调查的框架内并不都具有相同的权重。违法行为的性质具有举足轻重的作用。当其性质可被归类为非常严重违法行为时,该行为没有必要产生任何特别的影响,因为固定价格、分割市场和限制产量协议被视为目的在于扭曲市场结构的行为。⑦

17. 涉及整个瑞典的违法行为被认为比仅限于较小地理区域的违法行为更为严重。⑧

18. 持续时间:《瑞典竞争法》第 3 章第 8 条第 2 款。违法行为的持续时

---

① Government Bill 2007/08:135, p. 123. Cf. Guidelines on the method of setting fines imposed pursuant to Article 23(2)(a) of Regulation No. 1/2003, OJ 2006 C 210, p. 2, item 23.

② Government Bill 2007/08:135, p. 124.

③ However, this is not exhaustive; see Government Bill 2007/08:135, p. 123.

④ Cf. judgment of 2 October 2003 in Case no. C－194/99 P Thyssen Stahl v. the European Commission, item 180 and judgment of the Court of First Instance of 8 July 2008 in Case no. T－53/03 BPB v. the European Commission, item 318. See also MD 2009:11 (NCC et al.), p. 111.

⑤ Cf. Guidelines on the method of setting fines imposed pursuant to Article 23(2)(a) of Regulation No. 1/2003, OJ 2006 C 210, p. 2, item 22.

⑥ Government Bill 2007/08:135, p. 128.

⑦ Judgment of the Court of First Instance of 18 June 2008 in Case no. T－410/03 Hoechst GmbH v. European Commission, item 345, MD 2009:11 (NCC et al.), p. 109 and Government Bill 2007/08:135, p. 124.

⑧ Government Bill 2007/08:135, p. 124.

间是通过将上述第 12 条至第 17 条中确定的严重性程度乘以企业参与违法行为的年限来确定的。[①]

19. 在确定违法行为的持续时间时,少于 6 个月的期间将被视为半年,而超过 6 个月但少于 1 年的期间将被视为全年。[②]

20. 评估该行为是否构成同一违法行为还是多个违法行为,可能会对制裁的范围产生影响,因为如果发现存在多个违法行为,可能会被处以若干不同的行政罚款,具体将在《瑞典竞争法》规定的评估标准范围内对每个个案进行确定。[③]

对制裁价值的调整

21. 制裁价值可以根据违法行为的从重和从轻处罚因素,向上或向下调整。在这种情况下,每种因素可以调整 5% ~15% 。

22. 在确定行政罚款金额时,可能还会考虑某些与违法行为本身无关的情况。

与违法行为相关的从重因素:《瑞典竞争法》第 3 章第 9 条

23. 如果存在与违法行为相关的从重处罚因素,则可以增加制裁价值。例如,企业:

(i)强迫其他企业参与违法行为;

(ii)在违法行为中扮演了领导者的角色;[④]

(iii)在违法行为中没有其他人的领导下比其他人更积极;[⑤]或者

(iv)已对另一企业采取报复措施,目的是强迫其实施构成违法的行为。[⑥]

24. 瑞典竞争管理局可能会将故意发生违法行为的事实认定为从重处

---

① Cf. Government Bill 2007/08:135, p. 125.

② Cf. Guidelines on the method of setting fines imposed pursuant to Article 23 (2) (a) of Regulation No. 1/2003, OJ 2006 C 210, p. 2, item 24.

③ Judgment of the Court of First Instance of 12 December 2007 in the joined cases T – 101/05 and T – 111/05 BASF AG v. the European Commission, item 158.

④ MD 2009:11 (NCC et al.), pp. 114 – 115, 120.

⑤ Government Bill 2007/08:135, p. 128.

⑥ Cf. Guidelines on the method of setting fines imposed pursuant to Article 23 (2) (a) of Regulation No. 1/2003, OJ 2006 C 210, p. 2, item 28.

罚因素。[①]

与违法行为相关的从轻因素:《瑞典竞争法》第 3 章第 10 条

25. 如果存在与违法行为相关的从轻处罚因素,则可以减少制裁价值。例如:

(i)企业从事违法行为是有限的;[②]

(ii)企业因过失从事了违法行为;[③]

(iii)政府当局鼓励或授权这种合作。[④]

26. 一家企业由于另一家企业的压力而从事违法行为的事实,不被认为是从轻因素。[⑤] 一家企业证明该企业没有从违法行为中获得任何利润,这也不被认为是从轻因素。[⑥] 一家企业因参与卡特尔行为而遭受损害也不被认为是从轻因素。[⑦]

与违法行为相关的因素:《瑞典竞争法》第 3 章第 11 条

27. 尽管存在与违法行为无关的从重或从轻因素,但这些因素仍将被考虑,如果企业:

(i)以前曾经违反了《瑞典竞争法》第 2 章第 1 条或第 7 条或《欧盟运行条约》第 101 条或第 102 条的禁止规定。[⑧]

(ii)基于现有的财务状况有必要进行调整。这可能涉及对经济上实力

---

① Government Bill 2007/08:135, p. 128.

② See judgments of the Court of First Instance of 15 March 2006 in Case no. T - 26/02 Daichii v. the European Commission, item 113, of 29 April 2004 in joined cases T - 236/01 Tokai Carbon et al. v. the European Commission, item 297, of 8 July 2004 in Case no. T - 44/00 Mannesmannröhren-Werke AG v. the European Commission, items 277 - 279 and of 9 July 2003 in Case no. T - 220/00 Cheil Jedang v. the European Commission, item 167.

③ Government Bill 2007/08:135, pp. 128 - 129.

④ Cf. Guidelines on the method of setting fines imposed pursuant to Article 23 (2) (a) of Regulation No. 1/2003, OJ 2006 C 210, p. 2, item 29.

⑤ Government Bill 2007/08:135, p. 128 and MD 2009:11 (NCC et al.), p. 115.

⑥ Judgment of the Court of First Instance of 18 July 2005 in Case no. T - 241/01 Scandinavian Airlines System v. the European Commission, item 146.

⑦ Government Bill 2007/08:135, p. 128.

⑧ Government Bill 2007/08:135, p. 128, judgments of the Court of First Instance of 25 October 2005 in Case no. T - 38/02 Groupe Danone v. the European Commission, item 353, of 12 December 2007 in Case no. T - 101/05 and T - 111/05 BASF AG et al. v. the European Commission, item 64, and of 8 July 2008 in Case no. T - 53/3 BPB plc v. the European Commission, items 383 - 387.

较强的企业增加罚款,因为罚款的目的旨在产生抑制和威慑效果。① 如果企业陷入严重的财务危机,也可以考虑减少罚款。②

(iii)在瑞典竞争管理局指出违法行为之后很快停止违法行为,甚至是在更早的时候主动停止了违法行为。③ 但是,这不适用于特别严重的违法行为。④

(iv)主动赔偿受违法行为影响的受害者。⑤

(v)承认涉嫌滥用市场支配地位行为,并协助竞争管理局的调查。⑥

28. 一家企业建立了一个符合竞争规则的计划("合规计划",compliance programme)的事实不被视为是从轻处罚的因素。⑦ 赔偿损失的责任也不被视为从轻处罚的因素。⑧ 员工直接违反企业指示继续从事违法行为的事实不被视为从轻处罚的因素。企业发出通知要求员工停止违法行为也不被视为从轻处罚因素。⑨ 在特殊情况下,贸易禁令可被视为从轻处罚因素。⑩

与违法行为严重性有关的足够的威慑力

29. 在特殊情况下,瑞典竞争管理局根据特定案件情况的需要,可以不受上述第 12 条规定的限制。⑪

---

① Government Bill 2007/08:135, p. 130. See e. g. judgment of the Court of Justice of the European Union of 29 June 2006 in Case no. C – 289/04 Showa Denko v. the European Commission, items 15, 18 and 23 – 29. See also Government Bill 1992/93:56, p. 93.

② Government Bill 2007/08:135, p. 130 and judgment of Court of Justice of the European Union of 29 June 2006 in Case no. C – 308/04 P SGL Carbon v. the European Commission, items 105 – 106. See also judgment of the Court of First Instance of 13 December 2006 in Case no. T – 271/03 et al. FNCBV v. the European Commission, item 359 29.

③ MD 2009:11 (NCC et al.), p. 115.

④ Government Bill 2007/08:135, pp. 129 – 130.

⑤ Cf. Swedish Government Official Report – SOU 2006:99, p. 505.

⑥ Government Bill 2007/08:135, p. 130.

⑦ Judgment of the Court of First Instance of 29 April 2004 in joined cases T – 236/01 Tokai Carbon et al. v. the European Commission, item 343 and MD 2009:11 (NCC et al.), p. 115.

⑧ MD 2009:11 (NCC et al.), p. 115 and cf. Swedish Government Official Reports – SOU 2006:99, p. 505.

⑨ Judgment of the Court of First Instance of 8 July 2008 in joined cases T – 50/03 BPB et al. v. the European Commission, items 430 – 431.

⑩ Government Bill 2007/08:135, p. 130, cf. Swedish Government Official Reports – SOU 2006:99, p. 601 and Nytt Juridisk Arkiv (a renowned Swedish law report series) 1983, p. 163.

⑪ Cf. Guidelines on the method of setting fines imposed pursuant to Article 23 (2) (a) of Regulation No. 1/2003, OJ 2006 C 210, p. 2, item 37.

象征性的行政罚款

30. 在某些案件中,瑞典竞争管理局可以决定象征性的行政罚款。此种决定的正当理由应在传票申请中加以说明。①

法定最高罚款限额:《瑞典竞争法》第 3 章第 6 条

31. 如果行政罚款超过受影响企业上一营业年度总销售额的 10% ,则应将罚款下调至此法定最高限额。

宽大和减少罚款的规则:《瑞典竞争法》第 3 章第 12 ~ 15 条

32. 在根据上述第 31 条的法定最高限额调整行政罚款后,如果适用宽大和减少罚款的规则,则应进一步完全免除罚款或减少罚款。②

其他

33. 瑞典竞争管理局根据最终确定并在其网站上公布的方法发布传票申请(草案)的所有案件都将采用这一方法。③

---

① Cf. Guidelines on the method of setting fines imposed pursuant to Article 23(2)(a) of Regulation No. 1/2003, OJ 2006 C 210, p. 2, item 36.

② General Guidelines of the Swedish Competition Authority, KKVFS 2008:3.

③ Cf. Guidelines on the method of setting fines imposed pursuant to Article 23(2)(a) of Regulation No. 1/2003, OJ 2006 C 210, p. 2, item 38.

意大利罚款指南

AGCM(Autorità Garante della Concorrenza e del Mercato)
第 25152 号决议(2014 年 10 月 22 日)

关于根据《第 287/90 号法律》第 15 条第 1 款规定确定行政罚款方法的指南*

Guidelines on the Method of Setting Pecuniary Administrative Nes Pursuant to Article 15, Paragraph 1, of Law no. 287/90

Ⅰ. 引言

1. 根据意大利《第 287/90 号法律》(Law no. 287/90)第 15 条第 1 款,发布了严重违反第 287/90 号法律第 2 条和第 3 条或《欧盟运行条约》(TFEU)第 101 条和第 102 条的规定,执法机构可根据违法的严重性和持续时间,对上一个财政年度内每个企业或实体的营业额征收高达 10% 的罚款。此外,该法第 31 条规定,对于违反竞争规则处以罚款的行政处罚,应遵守 1981 年 11 月 24 日《第 689 法律》(no. 689)第一章第一节和第二节的规定。其中《第 689/81 号法律》(Law no. 689/81)第 11 条特别规定,在确定罚款金额时,应考虑以下因素:"违法的严重性,违法行为人为消除或减轻违法后果而采取的行动,以及违法行为人的人格和经济状况。"

2. 在行使上述罚款的权力时,执法机构在上述规则的范围内享有自由

* 翻译:邢驰,浙江理工大学硕士研究生;校对:王健,浙江理工大学教授。

裁量权。[①] 尤其是在任何情况下,罚款不得超过企业或实体在作出违法行为处罚决定上一个财政年度内在全球范围内营业额[②]的 10%。在上述范围内,为实现有效威慑作用,施加的罚款金额不得超过促使企业遵守反托拉斯规则所需的金额。

3. 执法机构的罚款政策旨在惩罚犯有违法行为的人,并且防止再次发生违法行为。此外,还要防止其他企业从事任何被禁止的行为。特别是,执法机构在行使罚款权力时,追求以下双重目标:

(a)对违反反竞争协议和滥用市场支配地位规定的企业或行业协会的特别威慑(所谓的特别劝阻效果);

(b)对所有经营者的一般威慑,以劝阻他们从事或继续从事违反竞争规则的行为(所谓的一般劝阻效果)。

4. 本指南旨在说明执法机构对严重违反国家或欧盟关于反竞争协议和滥用市场支配地位规定的行为处以罚款时应适用的原则,以确保执法机构决策的透明度和可预测性。尽管解释确定罚款的方法不是一种精确的计算方法,但它在使当事人能够了解执法机构处以特定罚款的原因和理由的同时,有助于对执法机构的处罚决定进行全面的司法审查。[③] 此外,罚款更高程度的透明度和可预测性可以有效地阻止反托拉斯违法行为。

5. 执法机构打算在认为适当的情况下,特别是在目的在于固定价格和/或分割市场和/或限制产量的秘密协议情况下,或者在严重损害市场的竞争功能、严重损害消费者利益的情况下,以特别严格的方式行使其制裁权。

6. 以下所示的计算方法提供了一般指示,不应视为自动和算术计算的

---

① Council of State, Sec. Ⅵ, judgment no. 9565 of 29 December 2010, Ras - Generali/IAMA Consulting.

② 判例法确认了执法机构的做法,即考虑将全球总营业额(包括增值税和其他税费)作为计算法定最高罚款限额的基础(Council of State, Sec. Ⅵ, judgments nos. 695 and 697 of 27 February 2008, Associazione Nazionale Esercenti Cinematogra Lombarda)。

③ 正如判例法承认,必须使当事人有条件检查执法机构所使用的计算方法和采取的步骤没有错误,并符合适用于罚款的规定和原则,特别是要遵守禁止歧视原则。(Council of State, Sec. Ⅵ, judgments nos. 695 and 697 of 27 February 27, 2008, Associazione Nazionale Esercenti Cinematogra Lombarda; see as well Council of State, Sec. Ⅵ, judgment no. 6469 of 17 December 2007, Lottomatica-Sisal and Council of State, Sec. Ⅵ, judgment no. 3013 of 20 May 2011, Recycling of exhausted batteries.)

基础。[①]

Ⅱ. 确定基础罚款金额

7. 每家企业的基础罚款金额,应根据违法行为的严重程度,按照销售价值的一定比例乘以参与违法行为的持续时间计算得到。在下列特定情况下,执法机构可以决定在基础罚款金额中增加额外的进入费用。执法机构在确定基础罚款金额时,应使用四舍五入的数字。

Ⅱ.1 与违法行为有关的商品或服务的销售价值

8. 为了实现有效的威慑,最终的罚款金额不得少于企业从违法中获得的利益。根据违法行为类型的不同,这些违法所得利益是违法行为影响的总销售价值的函数。因为这个原因,执法机构认为,适用于反托拉斯违法行为的罚款应根据企业在参与违法行为的最后一个完整财政年度在相关市场上销售与违法行为直接或间接相关的商品或服务的价值来计算(以下简称销售价值)。

9. 销售价值必须扣除增值税和与销售直接相关的任何其他税费。如果企业没有提供其参与违法行为的最后一个完整财政年度的营业额数据,或者该数据不可靠、不能充分代表以及无法以其他任何方式确定的,则执法机构应考虑它认为相关或适当的任何其他信息,例如,在整个违法行为持续期间的平均销售价值或参考另一年的销售价值,或意大利总营业额的百分比。

10. 就行业协会而言,与违法行为有关的商品或服务的"销售价值",相当于该协会成员支付的相关会费的总价值。

Ⅱ.2 销售额的百分比与违法行为严重性的关系

11. 根据违法行为的严重程度确定销售价值的百分比,该百分比不得超过销售价值的30%。

12. 执法机构在评估违法行为的严重程度时,应首先考虑违法行为的性质。执法机构认为,旨在固定价格、分割市场和限制产量的秘密横向协议是最严重的限制竞争行为。在这方面,反竞争行为的可能秘密性直接关系到

---

① Council of State, Sec. Ⅵ, judgements nos. 695 and 697 of 27 February 2008, Associazione Nazionale Esercenti Cinematogra Lombarda; Lazio Regional Administrative Court, Sec. Ⅰ, judgement no. 125 of 9 January 2013, Hybrid E-Mail.

被发现的可能性,也直接关系到预期的惩罚。对于此类违法行为,在一般情况下,所考虑的销售价值的百分比不应低于15%。

13. 对于涉及多家企业的违法案件,在评估严重程度时,执法机构可以考虑参与该违法行为的所有企业的市场份额总额。

14. 执法机构通过评估违法行为严重性确定适用于销售价值的百分比时,还可以考虑其他标准。这些标准包括:(i)有关市场的竞争条件(如集中程度、存在进入壁垒);(ii)有关商品或服务的性质,特别是考虑对创新造成损害的可能性;(iii)违法行为是否实际实施;(iv)违法行为对市场和/或消费者实际经济影响的相关性,或者更一般地说,违法行为对市场和/或消费者造成任何损害性影响的相关性,但前提是执法机构拥有能够对其进行有效评估的方法。

Ⅱ.3 违法行为持续时间

15.《第287/90号法律》第15条第1款明确规定了违法行为的持续时间对违法造成的损害后果有影响,因此,在确定罚款金额时也必须评估违法行为的持续时间:对销售价值应用给定百分比得出的金额乘以企业参与违法行为的年数。

16. 对于持续时间不足一年的,应根据参与违法行为的实际月数和天数来计算。

Ⅱ.4 附加金额(进入费)

17. 为了实现有效的和威慑的罚款政策,尤其是针对最严重的限制竞争行为,无论其持续时间和实际实施情况如何,执法机构可通过增加与违法行为有关的商品或服务的销售价值的15%至25%的进入费以提高基础罚款金额。

Ⅱ.5 在公共采购招标中的合谋

18. 一般而言,在公共采购招标中合谋的情况下,执法机构也应考虑与违法行为直接或间接有关的销售价值。原则上,对于参与合谋行为的每家企业而言,上述销售价值等于在评标(或私下谈判)[①]之后所裁决的金额,或者因违法行为而导致投标未授予的情况下,上述销售价值等于基本合同价

---

① 例如,在通过抵制投标来实施这一做法的私人谈判之后裁定的金额。

格，无须根据违法行为的持续时间进行上述调整。如果相关市场比所考虑的招标范围更广，[1]则执法机构可考虑受违法行为影响的商品或服务在该企业参与违法行为最后一个完整财政年度中，在整个市场中的总销售额（包括企业在相关市场的所有销售额，而不仅仅是与招标有关的销售额）。在适当的情况下，执法机关还可以根据前述各段的规定，根据违法行为的持续时间调整销售价值。

Ⅲ. 基础罚款金额的调整：从重和从轻因素

19. 根据前述规定确定的基础罚款金额，反垄断执法机构考虑从重因素可以增加罚款金额或考虑从轻因素减少罚款金额，尤其是考虑企业在违法行为中所扮演的角色、其在执法机构调查期间的行为以及违法行为人为消除或减轻违法后果而采取的行动等特定情形，同时应参照《第 689/81 号法律》第 11 条的规定。

20. 如果存在多种因素的，执法机构应进行全面评估和量化。一般而言，执法机构根据以下各条规定考虑每种因素的影响程度，不得超过/少于基础罚款金额的 15%，而最高应不超过/少于基本罚款金额的 50%。

21. 从重处罚的因素包括，举例来说：

——在促进、组织或监督涉及多个当事人的违法行为中发挥了决定性的作用；诱使、胁迫甚至采取报复措施，迫使其他企业参与和/或继续从事违法行为；

——防止、阻碍或拖延执法机构的调查。

22. 尽管有第 20 条的规定，如果执法机构或欧盟委员会确定在目前调查的违法行为开始前 5 年内，同一企业实施了一项或多项无论是从目的还是效果来看与目前正在调查的违法行为类似或相同类型的违法行为，[2]则基础罚款金额可进一步最高增加至 100%。对于再犯案件，为了确定适用于基础罚款金额的适当增加额，执法机构应考虑已查明的违法行为之间的性质和实

---

① 例如，当协议影响参与一些可能影响整个市场上有关商品价格的投标时，或当目的是不参与投标从而影响市场价格时。

② Council of State, Sec. Ⅵ, judgement no. 2438 of 20 April 2011, Tele 2/Tim-Vodafone-Wind; Council of State, Sec. Ⅴ, judgment no. 6525 of 13 December 2011, La Nuova Meccanica Navale/Cantieri del Mediterraneo.

质上的密切联系。

23. 从轻处罚的因素包括，举例来说：

——迅速采取适当的措施来减轻违法行为的影响，特别是通过恢复违法之前的竞争条件和/或自发地或在处罚决定前达成的和解协议范围内提供及实施有利于受害方的赔偿措施。仅在调查开始后中断违法行为不构成从轻因素；

——除法律义务以外，在调查过程中与执法机构有效合作。对于执法机构宽大处理计划范围内的案件，企业的合作仅应按照宽大处理计划的规定进行评估；

——证明在违法行为中起次要作用，包括证明没有实际实施违法行为；

——存在政府当局制定的鼓励、促进或授权违法的规则、条例和/或措施；

——通过并遵守适当的、符合欧洲和国家最佳实践的具体合规计划。如果没有证据表明有积极和具体的承诺遵守该合规计划（例如，通过公司管理层的全面参与、确定负责该合规计划的工作人员、根据业务部门和经营环境进行风险识别和评估、与企业经济规模相适应的组织和培训活动、提供激励措施奖励遵守该合规计划的行为，以及对不遵守该合规计划的惩罚措施、实施监督和审计制度），则仅通过或存在合规计划不应视为从轻因素。

24. 此外，如果企业在调查过程中提供了信息和文件，即使经过有针对性的检查，也被视为对确定不同的违法行为具有决定性作用，罚款金额可进一步减至基础罚款金额的 50% 。除非属于调查的对象或属于宽大处理计划的范围内。根据宽大处理计划第 2 条和第 12 条规定，对该企业实施的不同违法行为有条件地减免罚款。

Ⅳ. 其他调整以确保符合比例原则和实现有效威慑

25. 如果在处罚决定日期之前最后一个财政年度内，对违法行为负有责任的企业在全球范围内的总营业额特别高或者属于一个重要的经济集团，则执法机构可以最多将罚款金额提高 50% 。

26. 根据违法企业的非法利润数额，如果执法机构具有能够对非法利润进行有效评估的标准，则可考虑增加罚款。

Ⅴ. 涉及多项违法行为

27. 如果同一行为违反了《第 287/90 号法律》第 2 条和第 3 条或 TFEU 第 101 条和第 102 条的规定，或者同一行为涉及同一条规定的其他违法行为，执法机构应根据《第 689/81 号法律》第 8 条的规定，对同一决定所确定的最严重的违法行为处以最高 3 倍的罚款（实际违法行为）。[①]

28. 如果一项以上的行为多次违反一项或多项上述规定，则对责任人处以已查明的违法行为（实质性违法行为同时发生）1 倍以上的罚款。

Ⅵ. 法定最高罚款限额

29. 当前条所述的最终罚款金额超过《第 287/90 号法律》第 15 条第 1 款所指的法定最高罚款限额时，应降低罚款至该最高罚款金额。根据国家法律，计算法定最高罚款金额的依据是参与违法行为的每个企业在处罚决定之日前结束的上一个财政年度的全球营业额总额。

Ⅶ. 宽大处理计划

30. 根据第 15 条第 2 之二款之规定，在适用宽恕处理计划时，不得根据“关于不增加或减少罚款的通知”中规定的条件增加或减免罚款。

Ⅷ. 支付能力

31. 执法机构应考虑《第 689/81 号法律》第 11 条所规定的对违法行为负有责任的企业的经济状况。在这方面，经当事人在《第 217/98 号总统令》（Presidential Decree no. 217/98）第 14 条第 2 款所指的取证阶段的最后期限内提出合理和详细的申请，执法机构考虑有关当事方的有限支付能力可以酌情减少罚款。提交此类申请的企业必须提供完整、可靠和客观的证据，证明其根据本指南的规定处以罚款将不可避免地危害经济生存能力，并因此退出市场。执法机构不应仅考虑近年来基于企业资产负债表损失或有关行

---

① Council of State, Sec. Ⅵ, judgment no. 9306 of 20 December 2010, ENI-Trans Tunisian Pipeline. 这项规定没有提到通过复杂及统一的战略达成持续与复杂的协议和/或滥用支配地位的情况。

业的普遍危机而提出的申请。

Ⅸ. 罚款的连带责任

32. 同一集团的多家公司涉嫌违法的,执法机构可对他们的罚款处以连带责任。

Ⅹ. 象征性罚款

33. 在某些特定情况下,在处罚决定中已明确提及和有证据证明有正当理由的,执法机构可以处象征性的罚款。

Ⅺ. 最终条款和过渡条款

34. 某一特定案件的具体情况或为实现威慑,在特定案件中部分放弃适用本指南,应在违法裁决中应明确提及并证明其合理性。

35. 本指南适用于根据《第217/98 号总统令》第14 条第1 款规定未将异议声明通知当事人的正在进行的行政执法程序。

西班牙罚款指南

国家市场和竞争委员会
关于确定竞争违法行为罚款的临时说明*

Interim Note by the National Commission of Markets and Competition on the Determination of Penalties for Competition Violations

Ⅰ. 说明的范围

(1)2007 年 7 月 3 日《关于保护竞争的第 15/2007 号法律》(又称《竞争保护法》)(de Defensa de la Competencia, LDC)第五章(第 61 ~ 70 条)对罚款制度作了规定。该法规定,国家市场和竞争委员会(the National Commission of Markets and Competition, CNMC)有权对违反《竞争保护法》的人实行制裁。在行使这一惩罚权力时,CNMC 在《竞争保护法》规定的限度内行使裁量权时适用比例原则和威慑原则。

(2)最高法院 2015 年 1 月 29 日的判决迫使 CNMC 放弃了 2009 年 2 月 6 日制定的关于罚款计算方法的指南,并为新的罚款计算方法奠定了基础。

(3)该判决对《竞争保护法》第 63.1 条的解释如下:

● 《竞争保护法》中提到的最高罚款上限 10% 不应被解释为在计算罚款后作为封顶条款适用的一个罚款上限,而应被解释为罚款裁量幅度范围

---

* 翻译:王健,浙江理工大学教授。

内(0～10%)的上限。根据行为的严重性,将罚款置于罚款惩罚范围之内。因此,必须最严重的违法行为在计算罚款时才按照10%的最高罚款幅度进行处罚。

- 《竞争保护法》第63.1条所指的营业额应理解为违反该法的企业的总营业额。也就是说,是企业参与的所有经济活动的营业额,而不仅限于受违法行为影响的市场的营业额。

(4)通过这些关于对违反竞争规则的行为进行制裁的量化的临时说明,CNMC打算在其裁量权限范围内,公布指导其行动的一般准则,目的是帮助提高在评估竞争法时的透明度和客观性,确保罚款符合比例原则和威慑原则,并在执行《竞争保护法》方面加强法律保障。

(5)高等法院最近的几项判决,确认了这些说明中规定的罚款办法。这些判决既涉及原判的判决,也涉及执行判决的判决,这些判决命令CNMC改正其罚款计算方法。

(6)这些说明中规定的罚款量化准则应普遍适用,但不妨碍在不可能或不合理执行的情况下,CNMC采用其他有充分理由的、可选择的制度来确定罚款。

(7)在任何情况下,这些规定的适用均不妨碍根据《竞争保护法》第65条和第66条以及《竞争管理条例》制定的宽大处理方案规则的适用。此外,CNMC还会收到《关于宽大处理方案》的报告,该方案的目的是处理免除和减少罚款金额的申请。

Ⅱ. 确定罚款的制度

a. 导言

(8)确定违反竞争法行为的罚款方法分为两个阶段:

1. 根据违法行为的特点确定一般性的罚款金额(general sanction)。将违法实体在罚款决定上一年的总营业额中所占一定百分比作为违法企业的初步的罚款金额,这种罚款属于罚款幅度范围内,其上限要受《竞争保护法》第63条规定的最高罚款比例的限制。总的来说,这类一般性的初步罚款金额约占总罚款金额的60%。

2. 根据每个企业的具体行为确定一种个性化的罚款金额(individual sanction),约占总罚款金额的40%。

(9)总的罚款金额是通过一般性的罚款金额和个性化的罚款金额来实现的。以欧元计算的罚款是根据罚款决定上一年每家企业的总营业额计算的。

(10)根据最高法院的判例,自2015年1月29日起,在确定每个违法实体的总罚款金额后,将进行最后核实,以确保所产生的以欧元计算的罚款与违法行为的实际规模相称[参看上第一部分第(3)条]。

b. 确定一般性的罚款金额

(11)根据行为的类型来罚款,这是一种初步的罚款形式。对于极其有害的行为,也就是说固定价格和市场分割卡特尔,应从重处罚。

(12)《竞争保护法》第64条提到行为的一般情况,即对所有违法实体一律适用的情况,根据客观和主观因素增加或减少这一初始的罚款金额:

1. 受违法行为影响的市场特点(第64条第1款a项):在这方面,考虑与受影响市场有关的情况,如存在连锁效应、受违法行为影响的商品类型、该部门对经济的重要性,或者是在招标投标的条件下发生的违法行为,造成公共财政瘫痪。

2. 违法企业的市场份额(第64条第1款b项):违法企业在相关市场的份额越高,则损害越大,因为消费者不太可能通过寻找替代供应商来避免违法行为。

3. 违法行为的影响范围(第64条第1款c项):初步的罚款金额受违法行为影响的地理范围。地理范围越大,初步的罚款金额变动也越大。

4. 违法行为对消费者、用户或其他经营者的权利和合法权益的影响(第64条第1款e项),以及因违法行为而获得的非法利益(第64条第1款f项)。

5. 采取措施实施或确保实施违法行为(第64条第2款c项)。这与《竞争保护法》规定的一般适用于违法企业的从重处罚情节是一致的。如果仅适用于特定企业的,则在个性化认定阶段根据具体行为予以考虑。

c. 确定个性化的罚款金额

(13)在评估每家企业的行为时,主要考虑3个标准:

1. 违法行为的期间(第64条第1款d项):评估每一家企业参与违法行为的时间长度。

2. 受违法行为影响的市场规模(第64条第1款a项):根据受违法行为

影响的市场营业额数据，在违法行为发生期间，根据违法者应 CNMC 的要求提供的营业额数据，确定违法者在受影响的总营业额中所占的份额。如果所占的份额是比较显著的，则根据份额提高每个违法行为人的罚款金额。

上述两个标准约占个性化罚款阶段总评估的 2/3。

3. 每一家负有责任企业的从重和从轻因素（第 64 条第 1 款 g 项）。《竞争保护法》第 64 条第 2 款和第 64 条第 3 款规定的从重和从轻因素，在适当的情况下予以适用。

（14）在违反《竞争保护法》第 2 条的情况下，如果只涉及一家滥用其支配地位的企业，则以类似的方式考虑相同的评估标准，但不用考虑受违法行为影响的市场营业额所占的份额。

Ⅲ. 根据比例原则进行最终审核

（15）第二部分所述的办法确保分配给每个违法实体的罚款总额与违法行为的严重程度和其他情况及其参与程度相一致。但是，如果违法实体在受违法行为影响的市场中的活动与其总营业额相比相对较小，则以欧元计算的罚款可能与违法实体活动的实际规模不成比例。

（16）为了确保综合处罚产生的罚款与违法行为的实际程度成比例，必须衡量所谓的威慑性和比例性罚款，即所谓的比例原则的限制。如果以欧元计算的罚款总额（如第二部分所述）大大超过这一比例原则的限度，则可能不成比例。在这种情况下，罚款应减少到这个处罚限度。

（17）为了评估比例原则适用的限度，需要估算违法行为人在违法行为期间可能从违法行为中获得的违法所得。如果处罚证据材料中没有可以直接受益于违法行为的信息的，则按照各企业净利润的一定比例执行。确定这一比例的主要依据是企业在违法期间所从事行业的营业利润总额，但具体情况另有建议的除外。

（18）为了起到威慑作用，所实施的罚款必须等于或大于违法实体预期从违法行为中获得的利益（不影响《竞争保护法》第 63 条规定的最高限制）。因此，比例原则的限度等于估算的违法所得（如第 17 条所述）乘以系数 1 至 4，具体适用的系数因违法行为的持续时间和违法实体的规模大小而不同。

（19）如果根据第二部分所述的确定罚款制度，以欧元为计量单位对每一违法实体处以的罚款低于估计的比例原则限度，则认为罚款与违法行为的程度并不不成比例。另外,如果以欧元计算的罚款高于违法实体估计的比例原则限度,则罚款与违法行为的程度不成比例。在这种情况下,应将罚款减至相称的限度。

2018 年 10 月 10 日

波兰罚款指南

关于确定限制竞争行为罚款的指南*

Guidelines on Setting Fines for Competition-restricting Practices

通过考虑反托拉斯执法机关迄今为止公布的涉及罚款案件的处罚决定，并满足商界的期望，竞争和消费者保护办公室（the Office of Competition and Consumer Protection）主席①通过了本指南，对违反2007年2月16日《竞争和消费者保护法》（the Act on Competition and Consumer Protection）②第6条或第9条或《欧洲共同体条约》第81条或第82条的案件处以罚款。

本指南旨在提高依据该法对上述违法行为处以罚款的方法的透明度。一旦企业违反该法的规定，本指南有助于企业对其可能面临的罚款作出初步评估。

本指南的目的并非、也不能以比该法规定更宽泛的方式来规范确定罚款的问题，更不用说违反该法的规定。它只是用以说明该法规定的罚款的确定方式。

本指南不具有法律约束力，但其公布的事实应该解释为，办公室主席应依据本指南所述标准确定罚款。

根据该法第32（4）条，本指南须在竞争和消费者保护办公室的《官方公

---

* 翻译：蒋铭，浙江理工大学硕士研究生；校对：王健，浙江理工大学教授。

① 又称办公室主席。

② 又称该法，published：*Journal of Laws*，No. 50，item 331 with further changes。

报》上公布。

本指南自2009年1月1日起实施。

1. 营业收入

罚款是根据企业在罚款决定前一年的会计年度取得的营业收入确定。

2. 违法行为的危害性

两组情形决定了违法行为的危害性：一组与违法行为的性质有关；另一组涉及市场的特殊性和企业行为有关的因素。本条规定的标准用于确定基础罚款金额。

2.1 违法行为的性质

办公室主席区分了3种违法行为：

(a)非常严重的违法行为，首先是特别有害的横向限制竞争(包括固定价格、操纵投标、分割市场和集体抵制)，其次是滥用支配地位以达到或导致消除市场竞争的情况；

(b)严重违法行为，首先包括不被视为非常严重违法行为的横向协议、影响价格或提供产品条件的纵向协议(如固定转售价格[①])，其次是滥用支配地位以达到或导致竞争受到重大限制或对交易相对人或消费者严重剥削的情况；

(c)其他违法行为，包括不涉及价格或转售产品可能性的纵向协议以及滥用不太重要支配地位的情况。

首先根据违法行为的性质确定初始罚款金额，其次在此基础上根据违法行为的特定类型进一步计算罚款金额。初始罚款金额为：

——非常严重违法行为按照营业收入的1% ~3%计算；

——严重违法行为按照营业收入的0.2% ~1%计算；

——其他违法行为按照营业收入的0.01% ~0.2%计算。

在对案件情况评估的基础上，办公室主席可决定某一特定违法行为的性质，使其有可能被定性为与直接适用上述规则所产生的不同类型的违法

① 一些具有固定转售价格功能的协议被视为事实上的卡特尔。在这种情况下，生产者扮演了“监督者”的角色，确保协议的稳定性。这类协议被视为竞争法中极其严重的违法行为。

行为。

2.2 市场的特殊性和企业的行为

罚款取决于违法行为对市场的影响：违法行为的负面效果强度越高或企业收益越大，相应的罚款金额就越高。在评估违法行为对市场影响的基础上，办公室主席可以增加或减少根据第2.1条确定的初始罚款金额，最多可达80%。在评估这个因素时，应着重考虑以下情形：

（a）产品及其接受者的特殊性。

办公室主席考虑以下事实：产品对特别敏感的消费者群体是否异常重要，以及该产品对其他经济部门的重要性。

（b）市场特征：市场结构、进入障碍和企业从事违法行为的潜在经济收益。

办公室主席考虑以下事实：市场越集中，市场进入壁垒越高，特定竞争限制行为对市场参与者产生负面影响的概率就越大。

（c）违法行为对市场参与者的负面影响。

（d）违法行为后果不可逆转或难以逆转的事实。

办公室主席考虑以下事实：如果某一违法行为具有不可逆转或几乎不可逆转的后果（如市场结构消极和持久的变化），在违法行为停止后的一定时期后，涉案企业仍然可以获得违法行为产生的收益。

（e）违法行为是否已经实施的事实。

如果证明该违法行为尚未实施，该事实可以作为实质减少罚款的基础。

（f）企业行为所涉及的地域范围较小。

（g）从相关商品市场所获得的营业收入占企业总收入的比重较小。

根据第2条规定标准所确定的罚款金额构成基础罚款金额，然后按照下述规定标准确定总的罚款数额。

3. 违法行为的持久性

考虑违法行为持续时间。如果限制竞争行为的持久性导致强化了负面后果，特别是其影响了实施违法行为企业所获得的收益或影响了其他市场参与者所面临的损害，办公室主席可以增加基础罚款金额。持续1年以上的违法行为，应被视为长期违法行为。

考虑上述情况，为了反映违法行为持久性对罚款的影响，办公室主席在限制竞争协议案件中最多可提高基础罚款金额200%，在滥用支配地位案件中最多可提高基础罚款金额100%。之所以区别对待，是因为限制竞争协议通常是秘密的，因此其对市场的损害更有可能持续存在，比滥用支配地位对市场损害的时间更长。

4. 从轻和从重因素

对每个案件和每个企业应分开联合评估从轻和从重因素。每个从轻或从重因素可能具有不同的权重。在早期阶段确定的罚款金额可能会增加或减少最高50%。

4.1　从轻因素

特别考虑以下从轻因素：

(a)在违法行为中发挥被动作用，包括避免执行限制竞争协议；

(b)在他人胁迫下实施违法行为。

(c)自愿消除违法行为影响。

(d)在反托拉斯程序启动之前立即停止限制竞争行为或在反托拉斯程序启动之后毫不迟疑停止限制竞争行为。

企业采取行动的目的在于停止违法行为但不足以构成完全停止的，也应被视为从轻情形(如启动撤销含有违反竞争法条款合同免于使用的程序)，尽管重要性稍逊。

(e)在程序进行过程中与办公室主席合作，为反托拉斯程序快速有效进行作出贡献。

4.2　从重因素

特别考虑以下从重因素：

(a)限制竞争行为中的领导者和发起人；

(b)对其他企业采取胁迫、施压或报复措施，目的是实施违法行为或继续实施违法行为；

(c)过去曾经违反了限制竞争行为的禁止性规定；

(d)故意实施违法行为的事实。

5. 最高罚款额

罚款不得超过作出决定前一年企业营业收入的10%。如果根据本指南的规定计算的罚款超过这一限度,则办公室主席可处可能最高的罚款数额。

6. 数额特别低的罚款

在办公室主席看来,如果处以较低数额的罚款即可确保实现目的,那么其对企业就可处数额特别低的罚款。

捷克罚款指南

竞争保护办公室根据修正后的《竞争保护法》(第143/2001号法令)第22(2)条规定处以罚款的确定方法的指南*

Guidelines of the Office for the Protection of Competition on the Method of Setting Fines Imposed Pursuant to Art. 22 Par. 2 of the Act No. 143/2001 Coll. on the Protection of Competition as Amended

一、引言

1. 本指南的目的是公开宣布竞争保护办公室(the Office for the Protection of Competition,OPC)根据《竞争保护法》(Act on the Protection of Competition,第143/2001号法令)及其修正案(以下简称本法)启动的程序中对于企业即程序中的当事人计算罚款的方法。

2. 以下各条阐述了在本指南发布后,OPC在所有处以罚款的行政程序中将遵循的各项原则。

3.《关于罚款确定方法的指南》(the Guidelines on the Method of Setting Fines)的公布至少可以帮助企业当其因违法而面临经济处罚时可以预估罚款的金额。这是提高OPC执法活动透明度的重要举措。

---

* 翻译:蒋铭,浙江理工大学硕士研究生;校对:王健,浙江理工大学教授。

4. 本指南仅在 OPC 对违反本法[第22(2)条]规定的限制性行为处以罚款的程序中适用。本指南无论如何不涉及程序性罚款[本法第22(1)条(a)和(b)款]规定的适用,不涉及对包括违反本法[第22(3)条和第22(4)条]规定措施在内的可执行决定处以的罚款,也不涉及对违反《公共采购法》(the Act on Public Procurement,第137/2006号法令)行为处以的罚款。

二、一般规定

5. 依据本法第22(2)条的规定,OPC 可对故意或过失违反本法禁止规定的行为处以罚款。包括:

- 禁止达成和实施本法第3(1)条规定的扭曲竞争的垄断协议;
- 禁止本法第11(1)条规定的滥用市场支配地位行为;
- 禁止在合并批准生效前实施本法第18(1)条规定的合并;
- 或者依据本法第7(2)条和第11(4)条的规定(在不发布行政违法决定的情况下,以其他方式终止行政程序)或依据第18(5)条的规定(在违反现行决定实施经营者集中的案件中,恢复有效竞争的必要措施),未履行规定的措施。

根据欧盟2003年《现代化条例》的规定,如果行政程序包含共同体因素[本法第21(a)条第5款],OPC 也有权对违反《欧共体条约》第81条或第82条(禁止扭曲竞争的垄断协议和滥用支配地位)的企业处以罚款。

6. 罚款金额最高不得超过1000万捷克克朗,或不得超过上一个完整财务年度企业所获得的总营业额的10%,具体金额取决于哪一个金额更高。也就是说,如果罚款金额超过1000万捷克克朗,则不得超过参与违法行为企业总营业额的10%;如果罚款金额超过总营业额的10%,则不得超过1000万捷克克朗。

7. 在确定具体罚款金额时,OPC 特别要考虑违法行为的严重性、反复性和违法行为的持续时间。

8. 此外,为了确定罚款金额,OPC 应考虑违法行为的主观方面,即故意或过失实施违法行为的事实。

9. 对反竞争行为处以罚款是 OPC 行使自由裁量权的结果。为了防止裁量权的滥用,参与程序的当事人在行政司法范围内受到法律的保护。为避免出现这种情形,OPC 必须考虑法律规定的所有罚款标准,以及所有相关事实，无论是单独的还是在共同的背景下。

10. 在依据本法第22(2)条规定处以罚款时，OPC的罚款计算方法来自欧盟现行罚款指南[①]规定的原则。与此同时，OPC应考虑捷克法律环境的特殊性和捷克共和国的竞争文化水平。在作出处罚决定的过程中，OPC充分尊重行政法院在反竞争行为行政制裁方面的现有做法以及OPC现有行政处罚的实践。对这些主要来源的尊重将确保OPC遵循一致的规则，从而可预见地采取行动，无论是适用国内竞争规则还是适用欧洲法律。该制度还将确保违反《欧共体条约》第81条和第82条的行为将根据同样的规则受到惩罚，无论行政程序是由委员会还是OPC进行的。

11. 下述指导原则的适用有可能导致在特殊情况下处以更高的罚款。到目前为止，OPC还对极其严重的反竞争违法行为案件处以法律规定裁量幅度中间线以下的较低罚款。今后有必要对不同行为区分罚款和在整个裁量幅度内计算罚款，对较不严重的违法行为和对经济与消费者产生极其严重影响的违法行为的充分制裁应该是不同的。违反竞争规则的极其严重违法行为，通常持续时间长、与重要市场有关以及对消费者有重大消极影响或者不可挽回的影响。这类行为应予以制裁，并且应按法律规定罚款裁量幅度的中间线以上更高部分处罚。

12. 前面规定所揭示的动向与确保所处罚款的充分性和可预见性的责任并不冲突。在以前程序中考虑制裁数额的要求，不应理解为OPC在以前解决的类似案件中确定相同罚款金额的要求。根据欧洲法院的做法，也可以认为，如果为了更有效地适用竞争法，竞争执法机关可以修改所处罚款的金额。即使在相似情况下，与以往做法相比，罚款金额更高，也不应在程序上视为本身违反法律，或者更确切地说，更高的罚款额不应在程序上被视为违反本法规定的制裁原则[②]。

13. 上述事实表明，捷克共和国现实竞争政策也发生了变化。OPC工作人员不断采取执法行动，并且经常发布执法公告，持续努力防止反竞争行为。对于可以恢复影响的轻微反竞争行为，竞争者有可能改变其行为或接受有利于竞争的承诺，这种方式将迅速处理好对竞争的不利影响，可以避免

---

① 根据《第1/2003号条例》第23(2)(a)条规定处以罚款的确定方法的指南。

② See CFI Case T－279/02 from 6. 4. 2006, Degussa v. Commission.

启动调查竞争违法行为、最终作出处罚决定的行政程序。另外,如果证明存在反竞争行为,那么不启动行政制裁程序是不可能或不适合的,此时就有必要采取 OPC 可以支配的其他工具特别是罚款和补救措施来履行其任务,保护竞争不受扭曲。

14. 如果某些特殊案件强调其独特方面和差异程度可以清晰界定,以及适当和公平原则要求采取不同的程序,则 OPC 将不适用下述指导原则。

15. 下述指导原则不影响对扭曲竞争的垄断协议处以罚款的宽大处理规则的适用,这可能涉及在满足宽大处理计划(所谓的宽大处理政策)要求的情况下,免除罚款或减少罚款。

三. 确定罚款的基本方法

16. 在每一个特定案件中确定罚款金额时,将对同等严重程度违法行为的不同竞争者处以不同数额的罚款(绝对罚款数字不同),因为只有对特定竞争者处以合理的个性化罚款才符合平等和公正惩罚原则。这种程序完全符合捷克和欧洲法院的司法惯例。对同一或类似反竞争行为的特定竞争者处以不同数额的罚款,应遵循这样的原则,即在处以罚款时必须反映每个竞争者的经济效率,以确保处罚有足够的威慑效果。①

17. 在根据本法第 22(2)条规定处以罚款时,OPC 将采用以下两步法:

首先,OPC 将对每个参与反竞争行为的企业确定基础罚款金额。

其次,OPC 将审查与每个特定竞争者有关的从轻和从重因素,可能向上或向下调整基础罚款金额。

18. 对于参与反竞争行为的每一个特定竞争者,基础罚款金额的确定将分别进行。基础罚款金额应当反映特定竞争者在相关地域市场与违法行为直接或者间接有关的商品销售额(以下简称销售价值)、反竞争行为的严重性和持续时间。

19. 在确定企业的销售价值时,OPC 将采用该企业最可获得的数据和资料,这些数据和资料具有最高的指示性价值。如果企业提供的数据不完整、明显不正确或不可靠,OPC 可根据其掌握的部分数据和/或其认为相关和适当的任何其他资料(如来自相关领域专家进行的调查)确定其销售价值。

---

① See CFI Case T – 33/02 from 29. 11. 2005, Brittania Alloys & Chemicals v. Commission.

20. OPC 将对所有类型的反竞争行为逐一确定违法行为的严重性。因为在确定违法行为的严重性时，OPC 必须考虑相当多数量的事实，这些事实的特性和重要性因不同类型的行为及其不同情况而有所变化，应特别考虑对市场竞争和对消费者的影响。

21. 尽管行政法院还没有上诉审案件，但 OPC 现实的行政处罚实践表明，本法第 22(2)条规定的可惩罚的反竞争行为可分为 3 种基本类型，每一类型行为对竞争的威胁各不相同，有所变化。

22. 极其严重违法行为的种类主要包括固定价格的横向协议、市场分割协议或限制产量协议，对广大消费者群体有重大影响的企业滥用市场支配地位行为、违反 OPC 的合法批准实施合并以及不履行 OPC 根据本法第 18(5)条规定采取的措施。

23. OPC 考虑将其他横向协议、与商品转售有关的纵向固定价格协议、关于市场分割的纵向协议、其他特别滥用市场支配地位行为或根据第 18(1)条规定禁止实施合并的违法行为(有别于第 22 条所声明的违法行为)视为严重的违法行为。

24. OPC 考虑将其他较不重要且对消费者影响有限的纵向协议(只影响很小的一部分市场)以及其他较不严重限制竞争行为视作不太严重的违法行为。

25. 为了与欧盟委员会的罚款指南相协调，OPC 在确定罚款数额时，已根据反竞争行为的持续时间将违法行为划分为 3 类，即短期反竞争行为(0～1 年)、中期反竞争行为(1～10 年)和长期反竞争行为(10 年以上)。

26. 对可能出现的典型情形的广泛忧虑，上述区别似乎还不够充分——从一次性行动构成的反竞争行为到持续数十年的违法行为。因此，到目前为止，没有将违法行为持续时间与特定罚款金额关系的相关性予以充分考虑。

27. 为了与欧盟委员会的程序相协调，OPC 今后将侧重于对反竞争行为的持续时间进行更精确的评估，并将参与反竞争行为的特定期间四舍五入至 1 年。

28. 基础罚款金额应按照销售价值的份额(所谓的基本份额)乘以时间系数确定。

29. 基本份额通常应根据违法行为的严重性程度确定：

- 极其严重违法行为最高可达销售价值的3%；
- 严重违法行为最高可达销售价值的1%；
- 不太严重违法行为最高可达销售价值的0.5%。

30. 在确定罚款的基本份额时，OPC必须特别考虑所有参与企业的共同市场份额，违法行为的地域范围和违法行为是否已经实施；如果在评估违法行为的严重性时已经考虑上述情况，则不再适用这一点。

31. 时间系数应按违法行为持续时间的年数按比例设定，少于1年的将被计算为1年，超过10年的将被计算为3年。

32. 在确定了基础罚款金额后，OPC将审查涉及特定竞争者的从重和从轻因素，这可能会导致增加或减少基础罚款金额。所有从重和从轻因素都应分别审查以及在共同背景下审查。

33. 如果有下列从重因素的，可以增加基础罚款金额，例如：

(a)参与人与其他企业相比较，是违法行为的主角或是违法行为的发起人；

(b)参与人故意实施违法行为；

(c)参与人采取措施胁迫其他企业参加扭曲竞争的违法行为；

(d)参与人以合法决定的形式实施了扭曲竞争的反竞争行为；需要指出的是，实施与过去相同的违法行为应被视为特别从重情形（如再次达成市场分割协议）；

(e)参与人对其他企业采取报复措施，强迫实施违法行为。

考虑所有从重处罚因素后，OPC可将基础罚款金额最高可增加50%。

34. 如OPC在调查过程中发现存在从轻因素，则可另外减少基础罚款金额，例如：

(a)与其他有关参与人相比，参与人是被动或“跟随”角色；

(b)参与人与OPC有效合作，而且提供的证据有助于案件调查；宽大处理计划的申请不受影响；

(c)参与人在OPC启动调查前、刚开始调查或检查后停止参与反竞争行为；这不应适用于秘密反竞争行为；

(d)参与人过失实施违法行为；

(e)企业证明其参与反竞争行为的程度有限（特别是其虽为扭曲竞争协议的当事人，但有证据表明，其实际上通过采用自己的市场竞争行为避免了反竞争协议的实施)。

考虑所有从轻处罚因素后,OPC 可将基础罚款金额最高可减少 50%。

35. OPC 不认为参与人参加违法行为的时间短于其他参与人的事实是从轻处罚因素,因为这种情况在确定基础罚款金额时已经考虑。在故意进行反竞争行为的情况下,OPC 不得将当事方只进行一次或更准确地说没有再次进行违法行为的事实视为从轻处罚因素。

四、特殊情形

36. 罚款金额只有达到违法者不认为从事违法行为是有利可图的程度,才有可能实现其抑制和预防功能。如果竞争者在参与反竞争行为时获得利润,并最终通过该行为对其他竞争者和/或竞争者造成损害的,则为履行所有上述职能,罚款应高于所获得的利润或造成的损害。如因反竞争行为而获得的不正当利润或造成的损害能够得到充分估算,OPC 将增加罚款金额,以超过利润或造成的损害数额。

37. 如上述原则的适用并未导致对特定竞争者所处罚款具有足够的威慑作用,OPC 将会增加对与违法行为无关但来自其他商品或服务的营业额特别大的企业的罚款。

38. 在某些案件中,如果合适和适当,OPC 可不依据本指南的规定确定罚款数额,仅处以象征性罚款。这种违法情形可以是轻微威胁、由于过失而实施的违法行为、不对市场产生负面影响的违法行为、不以限制竞争为目的的违法行为,特别是该案的行为尚未成为 OPC 执法实践的对象。

39. 在特殊情况下,在确定罚款时,如果提供的客观证据证明根据本指南处以罚款将无可挽回地危及有关企业的经济生存能力,OPC 可能会考虑企业长期没有支付能力的情形,给予适当减少罚款。反之,如果仅仅发现是一种不利的或亏损的经济情况,则不会减少罚款。

匈牙利罚款指南

《11/2017 号通知》(Notice No. 11/2017)*

匈牙利竞争管理局局长和匈牙利竞争管理局竞争理事会主席关于违反禁止限制竞争协议、协同行为、滥用市场支配地位和滥用显著市场势力规定的罚款确定方法[①]

On the Method of Setting Fines for Infringements of the Prohibitions of Anti-competitive Agreements and Concerted Practices, Abuse of a Dominant Position and Abuse of Significant Market Power

一、引言

1. 根据《1996 年关于禁止不公平和限制性市场行为的第 LVII 号法》(Act LVII of 1996 on the Prohibition of Unfair and Restrictive Market Practices,以下简称《竞争法》)第 36(6)条规定,匈牙利竞争管理局局长(the President of the Hungarian Competition Authority,匈牙利语:Gazdasági Versenyhivatal;以下简称 GVH)和竞争理事会主席可联合发布通知,详细说

* 翻译:胡晓琪,江西财经大学经济法硕士研究生;喻玲,江西财经大学法学院教授。校对:喻玲。

① 本通知的匈牙利语和英语版本如有差异,以匈牙利语版本为准。

明 GVH 执法实践的基本原则。

2. 此类通知不具有拘束力;其职能是规定执法机构适用法律规定时应遵循的原则,同时还提供已确立的惯例的总结,并概述今后应遵循的惯例。

3. 本通知详细解释了《竞争法》第 78(3)条规定的原则,即 GVH 根据《竞争法》第 78(1)(a)条计算处以的罚款金额时,根据《竞争法》第 11 条和第 21 条及《欧盟运行条约》(TFEU)第 101 条和第 102 条关于适用禁止限制竞争协议、协同行为、企业组织的决定(以下简称限制竞争协议)与滥用支配地位的执法程序中应遵循的原则。此外,根据《2005 年关于贸易的第 CLXIV 号法》(Act CLXIV of 2005 on Trade,以下简称《贸易法》)第 7 条规定,GVH 在关于适用禁止滥用市场支配力量的执法程序中遵循相同原则。

4. 本通知详述处以罚款的步骤、考虑的情节、内容及其相对权重,从而规定计算罚款的方法。通过发布本通知,GVH 旨在促进法律活动的确定性、透明度和可预见性,从而有助于统一和非歧视性执法。透过本通知,企业可以评估其限制竞争行为的可能后果的严重性。此外,透过发布计算罚款的方法,那些遵循 GVH 决定的企业将发现更容易评价其决定中处以的罚款是否合理。[①] 因此,GVH 决定的说理部分中,应详细说明如何基于本通知规定的原则确定处以罚款。必须强调的是,对罚款设定有影响的情况一般不由 GVH 评估和证明,而是始终参考相关案件的事实。[②]

5. 关于罚款确定方法的适用,必须指出的是,根据《竞争法》第 73(1)条规定,竞争理事会审理案件时应将其对案件的初步立场送交执法程序中的当事人。除其他外,应包括处以罚款将考虑的已知情节。因此,在执法程序中,当事人有机会在最后决定通过前熟悉在某一特定案件中将考虑的情节。

---

① 鉴于最高法院的地位,在确定一项通过行政裁量决定是否通过司法审查时,法院有权分析行政机关是否考虑了所有的应该被考虑的因素,对接受或拒绝这些因素行政机关是否要承担法律责任。如果不能确定存在违法行为,那么就不能改变罚款金额,因为法院无权推翻该行政决定。[See the judgment of the Supreme Court No. Kf. V. 39. 361/2001/4. (VJ/30/2000).]在另一项判决中,最高法院表示,在通知出台后,GVH 根据何种标准来确定罚款是十分重要的事项;GVH 有义务根据通知规定的标准来计算罚款金额。因此,在进行司法审查的过程中,法院也将评估这些标准,以确定 GVH 是否充分适用这些标准。[See the order of the Supreme Court No. Kfv. IV. 37. 058/2009/12. (VJ/102/2004.)]

② See the following judgments: Budapest Capital Regional Court No. 2. Kf. 649. 927/2013/3. (VJ/022/2011.), Budapest Court of Appeal No. 2. Kf. 27. 623/2008/6. (VJ/119/2006.), Budapest Court of Appeal No. 2. Kf. 27. 057/2008/15. (VJ/045/2006.).

6. 没有预定义的标准或计算方法可以提供完全的确定性和可预见性。在适用法律和本通知所述方法的框架内,即使在看似简单明了的计算方法的情况下,GVH 在设定罚款时应有自由裁量权。在特殊情况下,计算方法可能不适用,或者只能部分适用于有关案件的特殊情况。在这种情况下,GVH 可通过披露竞争理事会在案件审理中证明处以罚款正当性部分的决定的深层原因,而偏离本通知的内容。①

7. 如果 GVH 根据其执法经验认为有必要,本通知可予以修订或进一步阐述、澄清或补充。

二、确定罚款的因素

2.1 确定罚款的原则

8. 根据《竞争法》第 78(3)条规定,罚款金额的确定应当考虑案件的所有情况,特别是违法行为的严重性、持续的时间、违法所得利益、违法当事人的市场地位、行为的可责性、执法程序中企业的合作以及违法行为的重复性和频度。尤其是违法行为的严重性,应当基于对经济竞争的威胁程度和对最终交易当事人利益的损害范围和程度确定。

9.《竞争法》第 78(3)条载有一份非详尽清单,列出了处以罚款时必须评估的情况。然而,该条款并不排除考虑其他情节。② 没有必要在每个案件中评价和考虑所有列出的情况,只有与所涉案件有关的情况才必须加以考虑。③

10. 罚款的目的是制止企业不公平的市场行为,同时确保公平的经济竞争。设定罚款时,GVH 牢记处以罚款的目的是作为一种惩罚,并提供具体和

---

① See Chapter Ⅲ. of the decision of the Constitutional Court No. 1392/B/2007. The GVH thus meets the requirement set by the Supreme Court, according to which in case of specific relevant circumstances arising from an individual case, the individual decision may be different from the notice; however, the decision must be accompanied by a detailed reasoning of the circumstances justifying the individualisation. [See the order of the Supreme Court No. Kvf. Ⅱ. 37. 497/2010/14. (VJ/102/2004.).]

② See the judgment of the Supreme Court No. Kfv. Ⅱ. 37. 453/2009/5. (VJ/114/2007.), the judgment of the Curia No. Kfv. Ⅵ. 37. 232/2011/13. (VJ/025/2004.) and the judgments of the Budapest Court of Appeal No. 2. Kf. 650. 032/2015/28. and No. 2. Kf. 27. 525/2009/9.

③ See the judgment of the Capital Court No. 7. K. 32. 143/2004/7. (VJ/016/2004.)

普遍的威慑，这一点也得到了宪法法院的承认。① 罚款的金额必须适当地对企业的违法行为给予适当的惩罚，这意味着罚款还必须反映违法行为的经济重要性。此外，罚款金额必须有助于防止有关企业以及其他类似情况下的企业实施（进一步）违法行为，②同时强化遵守规定的企业相信公平的商业行为是适当的。只有当所施加的罚款金额给违反竞争法的企业造成相当大的财务负担，从而导致严重的财务不利时，才能实现这一目标。③

11．GVH 认为，罚款与违法行为成比例是很重要的。因此，根据本通知对企业处以的罚款反映了违法的严重性以及归属于该企业的从轻和从重情节，而不反映对可能参与违法的其他企业可能征收的其他罚款。④ GVH 在执法中也尊重平等待遇原则，根据这一原则，类似情况不能区别对待，不同情况不能同等对待，除非该情况被客观地证明。⑤

12．同时，GVH 也优先考虑违法行为的调查与预防，因违法行为遭受损害或者处于不利地位的消费者和企业可能获得的赔偿，以及最有效地利用自己的资源。将企业各种形式的合作行为作为减少罚款的情节也有助于上述提到的政策目标。在这种情况下，GVH 奖励企业参与《竞争法》第 78/A－78/D 条的宽大处理方案（以下简称宽大方案），奖励参与《竞争法》第 73/A 条和第 79 条的和解程序（以下简称和解程序），奖励主动赔偿、努力合规、以各种形式进行积极合作，并尽可能地确保各种奖励方案效果之间可以互相促进。

---

① See paragraph 60 of Constitutional Court decision No. 30/2014.（Ⅸ. 30.）according to which the aim of the fine is [...] partly the sanction for the committed infringement（repression）and the prevention of future infringements（prevention）. A similar position was taken by the Budapest Court of Appeal in its No. 2. Kf. 27. 314/2008/8. judgment（VJ/28/2006.）, in which it stipulated that the defendant must, having regard to the aspects to be taken into account, consider that the fine has not only a punitive role, but also serves as a general prevention beyond the punishment, which must be capable of deterring others from committing an infringement.

② See the judgment of the Supreme Court No. Kfv. Ⅲ. 27. 599/1999/3.（VJ/200/1992.）, and the judgments of the Budapest Court of Appeal No. 2. Kf. 27. 531/2007/6.（VJ/180/2006.）and No. 2. Kf. 27. 314/2007/9.（VJ/193/2001.）.

③ See the judgment of the Supreme Court No. Kf. Ⅲ. 27. 599/1995/3.（VJ/200/1992.）.

④ See the judgment of the Supreme Court No. Kfv. Ⅱ. 37. 291/2009/29.（VJ/45/2006.）and the judgment of the Budapest Court of Appeal No. 2. Kf. 27. 665/2008/3.（VJ/181/2006.）.

⑤ See the judgment of the Supreme Court No. Kf. Ⅱ. 37. 923/2010/5.（VJ/40/2005.）in which it stated that in a competition supervision proceeding the requirement of equal treatment of parties can be raised only in connection with cases which are completely equivalent, both legally and factually.

2.2 罚款计算方法

13. 根据第3条确定处以罚款是一个多步骤程序。GVH 确定了罚款幅度内的起点金额，反映违法行为的严重性，以违法企业在相关市场上的营业额为基础。在企业协会实施违法行为的情况下，则基于该协会成员在相关市场上取得的营业总额确定与其成员活动相关的罚款幅度内的起点金额。在采购程序中发生违法行为的情况下，应以有关投标书的价值（以下简称相关营业额）为根据。GVH 可以在考虑其他方面的情况下，分几个步骤修改罚款幅度内的起点金额，同时确保每个情节在评估过程中只考虑一次。

14. 设定罚款时考虑在内的从轻和从重情节应以不同的方式考虑，并通过若干步骤分配不同的权重，以执行罚款背后的根本政策目标。所以，从重情节会增加罚款金额，而从轻情节会减少罚款金额。缺乏从重情节本身不能算作从轻情节。①

三、确定罚款幅度内的起点金额

15. GVH 根据违法行为的严重性来确定罚款幅度内的起点金额，该基础罚款金额最高可达到相关营业额的30%。对反映违法行为严重性的罚款比例的确定采用一种复杂的评分方法。该评分方法反映对竞争的威胁和违法行为对市场的影响，最终比例为前述分值的总和除以60再乘以30%。然而，为了实现施加罚款的目的（见第10条），GVH 对各种类型的违法行为适用最低分值，在某种程度上，如果按上述方法计算的分数低于特定违法类型确定的最低值，那么 GVH 将使用特定的最低值进行计算。罚款幅度内的起点金额将是上述规定的比例与相关营业额的乘积。可以用以下公式表示：

$$B_{ind} = RF \times Q$$

$$Q = max\left(\frac{P}{60} \times 30\% ; q\right)$$

其中

B_{ind} = 罚款幅度内的起点金额

RF = 相关营业额

---

① See, for instance, the judgment of the Budapest Court of Public Administration and Labour No. 5. K. 34. 049/2014/22. (VJ/002/2010.).

Q = 基于违法行为严重性所得比例

P = 基于对竞争的威胁和违法行为对市场影响所得分值(最高值:60分)

q = 根据特定的违法类型所确定的最低分

3.1 相关营业额

16. 一般而言,用于计算罚款的相关营业额,是指在违法行为持续期间,违法企业从相关市场上受违法行为影响所得的净销售收入总价值。该价值恰当地反映了违法行为的经济重要性和企业的相对重要性。企业通过违法行为取得的营业额,包括受违法行为直接或间接影响的产品①销售收入。在垂直整合(集团)企业的情况下,内部销售也必须考虑在内。②

17. 招标和投标③系本通知第16条所规定一般规则的例外。就投标而言,相关营业额等于投标的净值(通常等于中标金额)。

18. 在缺乏审计数据的情况下,企业的相关营业额由GVH评估,评估方法采取GVH在有关个案中设定的决定。同样,在缺乏违法期间的审计营业额数据的情况下,也将对营业额进行评估。在这种情况下,在对可用期间的营业额数据进行必要的修正后,可以近似得出缺失的期间的营业额。

3.2 反映违法行为严重性的比例

19. 与违法行为的严重性相比较,GVH同样重视对竞争的威胁和违法行为对市场的影响。因此,这两个情节在计算中均占30分。

3.2.1 对竞争的威胁(0~30分)

20. 在评估相关限制竞争行为或协议"对竞争的威胁"时,应考虑该行为或协议限制竞争的程度,或竞争是否已经被完全消除。

---

① 例如,对于将某特定商品价格固定在一定水平的协议中,产品的销售价格取决于前述固定价格或前述固定价格将对该产品的最终销售价格产生影响(当与协议或协同行为相关的是中间产品之时,不包括最终产品)。

② 例如,如果一个垂直一体化的企业(或企业集团),部分销售或部分处理自己的中间产品,那么,在计算该中间产品违法行为损害的时候,相关的营业额将不仅包括该中间产品直接、间接销售额,还要包括该中间产品在内部使用以及用于进一步处理的销售(估计)值。

③ 未公布或企业最终放弃的项目(投标/招标)也可能构成限制竞争行为,有鉴于此,在计算有关的营业额时,也必须考虑这些标书的价值。在没有实际销售价值的情况下,必须考虑潜在销售价值。See the judgment of the Budapest Court of Appeal No. 3. Kf. 27. 195/2011/6. (VJ/102/2004.).

21. 竞争法中最臭名昭著的违法行为是卡特尔,[①]以及政府《第205/2011号法令》(the Government Decree No. 205/2011)第7条认可的特别严重的纵向限制。禁止某类纵向协议限制竞争的豁免,以及2010年4月20日第330号委员会条例第4条适用于《欧盟运行条约》第101(3)条规定的各类纵向协议和协同行为等,例如以限制竞争为目的的纯限制竞争性协议,通常将效率或福利收益的存在排除在外。在这种情况下,GVH给出的分数将落在范围上部区域。

22. 如果行为(实践)本质上不会或只是非常轻微地对竞争构成威胁,如可以被定性为滥用支配地位的行为,根据《贸易法》第7条规定,其本身不具有限制性(剥削性滥用)和滥用,GVH给出的分数将下降到较低的区域的范围。

23. 对于第21条和第22条所述行为之外,如其他横向协议、纵向协议和滥用支配地位等具有限制性(排除性滥用)的行为,GVH给出的分数将处于潜在范围的中间区域。

24. GVH根据案件的个体特征,以差异化的方式使用其自由裁量权决定给定区域(下、中、上)的实际得分。

25. 评估对竞争的威胁时,GVH评估某一特定案件中所有相关性或决定性的竞争维度(如价格竞争、质量竞争或创新竞争)是否受到调查行为的影响,此外,也调查违法行为的复杂性和程度以及其制度化的性质。

3.2.2 违法行为对市场的影响(0~30分)

26. 违法行为对市场的影响与企业的市场地位密切相关,如果企业的行为属于《竞争法》第11条或者TFEU第101条规定的范围内,在滥用共同支配地位的情况下,取决于相关企业的共同市场份额。实施违法行为的企业(共同)市场份额越高,GVH对其制裁越严厉。其他程度较小的情节也考虑在内,特别是决定企业市场地位的情况(如市场的可竞争性,或企业是否是新的市场进入者),以及相关市场的其他特征,如特定产品和买家(如是否是消费者的必需品),是否存在其他市场的任何溢出效应。

---

① 根据《竞争法》第13(3)条的规定,竞争者之间目的在于避免、限制或扭曲竞争的协议或协同行为,特别是直接或间接固定购买或销售价格或其他商业条款和条件,限制生产或分销,分割市场,串通投标和限制进出口(以下简称卡特尔)以及其他直接或间接旨在固定购买或销售价格的协议或协同行为。

27. 如前段所述，在评估违法行为对市场的影响时，GVH 不仅考虑明显发生并能证明的实际影响，也考虑在其实施和(或)程度方面未被具体说明的潜在的(可能)影响。在这种情况下，GVH 将考虑行为(如固定协议)的实施程度。

3.2.3 最低分数

28. 为了完成第 10 条提及的罚款背后的政策目标，罚款幅度内的起点金额(根据反映违法行为经济重要性的相关营业额计算)必须适当反映所涉违法行为的严重性。因此，最低分数阈值适用于每种类型的违法行为。就相关违法行为的类型而言，GVH 适用以下最低分数阈值：①

违法类型	最低分数
公共采购卡特尔(串通投标)	20%
其他卡特尔，特别是严重的纵向限制，排他性滥用支配地位	15%
《贸易法》第 7 条规定的其他横向协议或纵向限制、剥削性滥用支配地位、滥用显著市场势力	10%

四、确定基础罚款金额

29. 如上所述，确定罚款幅度内的起点金额后，考虑反映企业对违法行为态度的从重和从轻因素，再计算基础罚款金额。在评估过程中，GVH 考虑企业的可归责性，企业在违法行为中的作用、外部因素以及其他可能影响违法行为的因素。

30. GVH 在其决定中为特定从重和从轻因素分配了不同的权重，从而表明，就执法程序中的行为和企业而言，GVH 是否认为某一特定案件中的某一特定因素具有小、中或高的重要性(相关性)。较小重要性的从重因素可使罚款幅度内的起点金额提高至多 0 ~ 5%，中等重要性的从重因素提高至多 5% ~ 15%，高度重要性的从重因素提高至多 15% ~ 25%。同样，较小重要性的从轻因素可使罚款幅度内的起点金额降低至多 0 ~ 5%，中等重要性的

① 当发生单一、连续、复杂的违法行为时，适用的最低分应调整为构成该单一、连续、复杂违法行为各要素中，单项违法行为适用最低分的最高数。假设 A 行为由行为 1、行为 2、行为 3、行为 4、行为 5……构成，对 A 适用的最低分应该是对行为 1、行为 2、行为 3、行为 4、行为 5……分别适用的最低分中的最高数。

从轻因素降低至多5%～15%，高度重要性的从轻因素降低至多15%～25%。

31. 必须指出的是，计算基础罚款金额时，GVH应对每一个从重和从轻因素进行单独和整体的比较评估，其顺序无关紧要。相应地，罚款幅度内的起点金额的调整是将分配至各方面的权重合并后进行的。这也意味着，在极端情况下，基础罚款金额不能超过起点金额25%*以上或不能低于75%。

4.1 从重因素

4.1.1 可归责性（有罪性）

32. 就可归责性而言，有必要强调虽然《竞争法》中基于客观标准认定违法行为，[①]但是，根据《竞争法》第78条计算罚款金额时，相关行为的可归责性是需要考虑的因素之一。如果某一特定行为不同于社会普遍、合理的期望与接受，那么就被认为是可归责的。[②] 然而，这种可归责性本身不能被视为一种从重因素，尽管GVH在从重因素中评估了高度的可归责性，可归责性可根据其程度加权为小、中或高度因素。

33. GVH通常认为，如果能够证明违法行为是在意识到其非法性质的情况下故意犯下的，则该行为具有高度的可归责性。在此背景下，GVH评估公共采购过程（串通招投标）中是否存在违法行为，鉴于这种行为危及公共资金的有效和高效使用，并且受到若干法律的禁止和制裁，从根本上违背了社会的期望，可以假设企业意识到违法行为的发生。[③] 企业为隐瞒违法行为、减轻违法行为或逃避制裁而发起游说行动，也可能表明该企业在充分意识到其行为在《竞争法》中有关风险的情况下实施了违法行为。[④] 同样地，如果企业采取措施对其行为保密或确保以更有效的方式实施违法行为，如使用计算机算法监测价格，那么这种行为可能表明企业有意实施违法行为。

34. 如果高级官员（也）因为期望他们遵守更高的行为期望而卷入违法

---

* 此处原文为75%。——译者注

① See the judgment of the Court of Appeal No. 2. Kf. 27. 531/2007/6. (VJ/180/2006.).

② See the judgment of the Budapest Court of Appeal No. 2. Kf. 27. 798/2006/7. (VJ/74/2004.).

③ See the judgment of the Budapest Court of Appeal No. 2. Kf. 27. 232/2007/14. (VJ/028/2003.).

④ 当然，如果这种游说行动是成功的，而且在没有确定违法行为和处以罚款的情况下，立法将有关竞争法禁止的行为予以豁免，这种行为就不能被定为从重处罚的因素。但是，如果这种游说行动被证明是不成功的，则应将其作为从重处罚的因素。该企业在没有等到国家干预结果的情况下，在游说行动的同时，从事了反竞争行为。企业采取措施寻求管制行动的事实表明，该企业意识到其行为存在与竞争法有关的风险，但它未能避免继续从事这种行为。

行为，或者针对特别敏感或特别脆弱的群体的违法行为，那么这也可能是确立更高程度的可归责性的理由，尽管这可能是一个与先前相比更不严重的从重因素。①

35. 如果 GVH 意识到前 10 年内有关案件执法程序中采用的一项决定，执法程序中的企业有义务制定一套合规方案［参见本通知第 72 条，以及《竞争法》第 76(1)(1)条和第 78(8)条］，由于企业掌握着表明违法行为的信息，各决策者未能采取必要最低限度措施停止已查明的违法行为，那么更高程度的可归责性也可以被确立。

4.1.2 在违法行为中的角色

36. 评估企业在违法行为中的角色与限制竞争协议和滥用共同支配地位案件相关联。参与者达成协议，尤其是在卡特尔案件中，它们通常扮演不同的角色，企业可以通过积极参与协议的运营和维护(存续)作为违法行为中的教唆者或领导者，与此同时，其他企业可能处于弱势地位，由于担心受到主要参与方的报复或主要参与者(们)采取的其他强制措施而参与或维持反竞争协议。显然，作为组织者/领导者参与违法行为，或对其他企业采取报复或其他胁迫措施，都可被视为从重因素。

4.1.3 其他因素

37. 本通知第 4.1.1 分章至第 4.1.2 分章和第 5 章至第 6 章中未提及的任何可能导致罚款金额增加的进一步从重因素，应在"其他因素"项下予以考虑。②

4.2 从轻因素

4.2.1 在违法行为中的角色

38. 评估从轻因素的过程中，评估企业在违法行为中的角色也与限制竞争协议和滥用支配地位案件相关联。如果能够证明该企业处于弱势地位，

---

① See the judgment of the Budapest Capital Regional Court No. 2. Kf. 650. 020/2015/15. (VJ/134/2008.).

② 其他情节规定在《匈牙利竞争管理局局长和匈牙利竞争管理局竞争理事会主席关于和解程序适用规则》(第 10/2017 号通知)(以下简称和解通知)第 22 条、第 92 条、第 93 条中。［Other factors can include cases mentioned in paragraphs 22, 92, and 93 of the Notice No. 10/2017 of the President of the Hungarian Competition Authority and the Chair of the Competition Council of the Hungarian Competition Authority on the application of the rules on settlements (hereinafter: Settlement Notice).］

并且由于担心受到其他企业的报复或主要参与者(们)采取的其他强制措施而参与或仍然是反竞争行为的参与者,那么可以被认为是一个从轻因素。

39. GVH 还考虑到,如果该企业没有实施违法,并试图通过在市场上采取竞争行为来避免实施违法行为。例如,如果相关企业参加卡特尔会议和约定显著少于其他参与者。如果企业因竞争监督程序的启动,甚至是在该程序启动之前,而不是在合规方案的背景下终止违法行为,[①]除非被调查的行为是卡特尔,这也可以被认为是一个低权重的从轻因素。

4.2.2 外部因素

40. 在特定情况下,确定处以的罚款金额时,GVH 考虑了可能促成违法行为实施的外部因素。这种外部因素包括,有关行为的非法性质不明确,或者国家的参与(也)是违法行为的幕后推手。

4.2.3 其他因素

41. 本通知第 4.2.1 分章至第 4.2.2 分章和第 5 章至第 6 章中未提及的任何可能导致罚款金额减少的进一步从轻因素,应在“其他因素”项下予以考虑。

五、调整基础罚款金额

42. 计算基础罚款金额后,应考虑以下因素:

a)重复违法;

b)违法所得;

c)威慑效果;

d)《竞争法》第 78 条规定的最高罚款金额。

43. 在上述情节的背景下,必须强调应按照上条中规定的顺序依次考虑这些情节,因为任何情节导致的罚款金额调整,无论是正向还是反向,都会改变先前步骤产生的罚款金额。

5.1 重复违法(累犯)

44. GVH 对重复违法处以更严厉的制裁。

45. GVH、委员会或成员国的其他竞争主管机构,已认定该违法行为违

---

① See subchapter Ⅵ.4. in cases where the termination of the infringement took place in the context of a compliance programme.

反《竞争法》第 11 条或第 21 条以及 TFEU 第 101 条或第 102 条的规定之后，如果企业连续或重复实施相同或类似的违法行为，则可以认定构成重复违法。指向相同或类似性质违法行为的必要条件意味着，如果违法行为违反《竞争法》第 11 条和/或 TFEU 第 101 条，则重复行为的认定应考察其先前的违法行为违反《竞争法》第 11 条和/或 TFEU 第 101 条；如果违法行为违反《竞争法》第 21 条和/或 TFEU 第 102 条，则重复行为的认定应考察其先前的违法行为违反《竞争法》第 21 条的行为和/或 TFEU 第 102 条，然而，在这个框架中，不需要进一步的相似性证明来认定重复的事实。

46. 如果先前的违法行为由相关企业的法律前身所实施，则 GVH 也会考虑重复违法。[①] 如果先前的违法是同一企业集团内的另一企业所实施，且该企业集团的住所地是匈牙利，也可以认定为重复违法。企业集团的外国成员实施的违法行为，只有其先前违法行为属于 TFEU 第 101 条或第 102 条范围内，并且是由该外国成员直接或间接控制竞争监督程序中的企业实施的，或其责任是在先前的违法行为中确立的，才可考虑认定为重复违法。

47. 对于某一特定案件，GVH 仅根据前 10 年内作出的决定而考虑累犯。

48. GVH 也可以在行政法院尚未作出最终裁决而寻求法律救济的情况下认定累犯。[②]

49. GVH 认为累犯是增加罚款金额的重要情节，以确保产生特殊的威慑效果，并杜绝重复的限制竞争行为。[③] 因此，在重复违法的情况下，每重复一次，如上所述计算的罚款金额最多增加 100%（例如，在第三次重复的情况下，基础罚款金额可增加 3 倍）。罚款金额增加幅度的调整，应当反映重复违法的情况（就案件事实而言，目前的行为与先前制裁的行为的相似程度，

---

① See the judgments of the Budapest Court of Appeal No. 2. Kf. 27. 676./2008/9. (VJ/127/2007.) and No. 2. Kf. 27. 146/2003/6. (VJ/5/2002.).

② See e. g. the judgment of the Supreme Court No. Kfv. Ⅱ. 37. 453/2009/5. (VJ/114/2007.), the judgment of the Budapest Court of Appeal No. 2. Kf. 27. 531/2007/6. (VJ/180/2006.), the judgment of the Curia No. Kfv. Ⅲ. 37. 582/2016/16. (VJ/074/2011.). In the latter decision the Curia stated that if the decision which served as a reference of the establishment of the recidivism later was overruled in the absence of infringement, a new trial may be initiated or it can be taken into account in a possible retrial, if the statutory requirements are fulfilled.

③ See the judgment of the Curia No. Kfv. Ⅲ. 37. 582/2016/16. (VJ/074/2011.).

以及与被评估事实的相似程度[①]),也考虑上一案件通过的决定与新案件通过的决定之间是否经过了相当长的时间。

5.2 违法所得

50. 从违法中获得的收益很少能以足够的可信度来量化。然而,在可能的情况下,GVH 征收的罚款将增加到量化收益的 3 倍,除非其一开始就超过了这个数额。

5.3 威慑效果

51. GVH 特别强调罚款的威慑效果。因此,根据本通知第 3 章至第 5.2 分章的原则性规定确定的基础罚款金额,对于在相关市场获得的相关营业额之外还有特别显著营业额的企业,可以增加基础罚款金额,因此如果仅根据相关营业额处以罚款,则企业不会面临重大负担。关于威慑效果,GVH 作出决定时还可以考虑某一特定企业作为企业集团成员的财务实力。[②] 然而,在这些情况下,GVH 的决定也包括基于相关营业额计算的罚款金额及其正当性。

52. 在评估这一因素时,如因特定案件的特殊性、避免过度威慑和合理性的要求而有必要,GVH 可以例外地减少罚款金额。例如,在"单一产品企业"的情况下,或者由于企业规模小、经济重要性或支配力不大时,就可能出现减少罚款金额的情况。

5.4 最高罚款金额

53. 按照上述步骤,考虑《竞争法》规定的法定最高罚款金额(上限),即最高罚款金额不得超过罚款决定作出的上一营业年度实现的净营业额的 10%,在决定中指明并被处以罚款的企业是其成员的企业或企业集团的成员。在特定案例中,如果可以确认企业集团,则可适用该企业集团营业额。[③] 如果 GVH 谴责违法行为并对该企业集团的多个成员处以罚款,则以该企业集团净营业额的 10% 作为最高罚款金额的上限,这也是对属于同一企业集团的企业处以罚款总额的上限。

---

① See the judgment of the Supreme Court No. Kfv. Ⅱ.37.453/2009/5.(VJ/114/2007.).

② See the judgments of the Curia No. Kfv. Ⅱ.31.016/2012/28 and No. Kfv. Ⅲ.37.690/2013/29.(VJ/174/2007.).

③ See paragraph 60 of the decision of the Constitutional Court No. 3100/2015.

54. 确定最高罚款金额时，应当根据决定作出的上一营业年度的年度账目或者简化年度账目确定净营业额。如该企业相关年度经营不足一整年，则有关数字应按照整年比例分配。如果无可靠资料显示罚款决定作出的上一年度企业的净营业额，则应考虑附有审计年度报告的最后一个营业年度的净营业额。如果新成立的企业没有可用的年度账目，则应提供程序启动当年的商业计划，或无此计划时，应当考虑以程序启动当日作为登记日，根据《会计法》中期资产负债表编制规则计算，由企业在案件处理人或竞争理事会程序传唤下提交净营业额。计算最高罚款金额时，还应考虑企业集团成员在国外取得的营业额，特别是由匈牙利成员，以及企业集团外国成员的违法行为取得的销售价值。

55. 法律规定的最高罚款金额，只规定了罚款的上限不得超过基于案件事实确定的罚款金额。罚款金额必须考虑从轻和从重的情节，在最高罚款金额的基础上逆向计算，并不符合《竞争法》的规定。该法规定了自由评估和考虑从轻和从重情节的原则，因此，尽管存在从轻情节，也可处以最高罚款金额。① 因此，最高罚款金额既不是起点，也不是评估罚款合理性的基准。罚款金额不得基于最高罚款金额计算，也不得参照最高罚款金额评估其合理性。②

56. 根据《竞争法》第78(5)条的规定，实施违法行为的企业集团成员未主动缴纳罚款，且执行程序也未能收取罚款总额，则该案的程序应由竞争理事会通过一项单独的强制令，责成决定中确定的有关企业集团成员共同和分别缴纳罚款或未收取部分。在这种情况下，决定中确定的企业集团的成员也将作为当事方列入竞争监督程序。③

六、考量企业合作情况

57. GVH认为重要的是，罚款除了作为一般和特殊预防的工具，也促进发现和预防违法行为，保护因违法行为造成损害而处于弱势地位的消费者和企业的利益，并能有效利用现有资源。为了促进这些政策目标的实现，

---

① See the judgment of the Supreme Court No. Kfv. Ⅱ.37.291/2009/29.(VJ/045/2006.).

② See the order of the Curia No. Kfv. Ⅱ.37.414/2013/8.(VJ/121/2009.).

③ See the judgment of the Curia No. Kfv. Ⅲ.37.690/2013/29.

GVH 旨在通过提供(进一步)减少罚款的可能性,鼓励企业以多种形式合作。在确定每种合作形式的罚款减少幅度时,GVH 根据《竞争法》的规定,考虑每种形式的合作既不互相妨碍,也不对阻碍任何其他形式的合作的实施,而是在可能的情况下加强彼此的影响。

58. 为了强调合作的重要性,GVH 在确定罚款过程的最后阶段对这些方面进行评估。因此,如果基于上述步骤计算的罚款金额超过了法定最高额(上限),那么根据第 5.4 章,对每种合作形式的罚款减少应以法定最高罚款金额为基础。

59. 此外,对于合作框架内被评估的情节,必须强调这些情节是相互平行考虑的,因此,基于特定情节的每种形式的罚款减免应当叠加(除其他合作外,如果这种情况下被评估的情节,至少部分是特殊合作形式所固有的)。

6.1 适用宽大政策

60. 根据《竞争法》第 78/A(1)条的规定,符合 GVH 长官和 GVH 竞争理事会主席关于根据《竞争法》第 78/A 条适用宽大政策的第 2/2016 号和第 14/2017 号通知的违法行为,适用宽大政策。宽大政策的实质是为了促进对秘密协议的侦查,在满足特定条件的情况下,GVH 应授予罚款豁免权,或减少参与违法企业的罚款金额。

61. 根据《竞争法》第 65/A 条的规定,为了获得罚款豁免权,宽大处理申请人必须以证明获得突击检查司法许可证决定因素的方式立功,或者,如果程序已经启动,应首先提交可证明整体调查中违法行为的决定性因素的证据。如果参与卡特尔行为的企业提供的证据相对于管理局已掌握的证据构成显著的附加值,则可减少罚款金额。罚款金额减少的程度,将反映当事人合作在质量和时间方面认定违法行为的程度。

62. 根据《竞争法》第 78/A(6)条的规定,如果企业提供了 GVH 未掌握的与事实或情况有关的明确证据,则在确定对违法行为处以的罚款金额时应予以考虑,如果该事实或情况实质上增加了应处以的罚款金额,则确定对企业处以的罚款金额时,不考虑有关事实或情况。

6.2 和解程序

63. 和解程序可适用于因《竞争法》第 11 条/第 21 条、TFEU 第 101/102 条、《贸易法》第 7 条所禁止的行为而启动的执法程序。该程序由竞争理事会根据和解通知启动。根据《竞争法》第 79 条的规定，对于提交结算申请的企业，GVH 应减少 10% ~30% 的罚款金额。在确定《竞争法》规定的自由裁量范围内的具体罚款减免幅度时，GVH 特别评估以下方面。

64. 除 10% 的基础减少额度外，还可再给予最多 10% 减少额度以激励企业加速程序进度。[①] 在此情况下，必须考虑，根据《竞争法》第 73/A(2) 条达成共识的期限（和解通知第 29 条规定的相关情形，可能在当事人第一次听证会时就已明确），听证会持续的时间和企业根据《竞争法》第 73/A(2) 条提出其愿意参与和解程序的声明、根据《竞争法》第 73/A(3) 条提交和解声明、根据《竞争法》第 73/A(4) 条关于通信的声明的时间，以及企业是否利用和解通知第 65 段和第 70 段规定的法定截止日期。

65. 对不能受益于《竞争法》第 78(8) 条的中小型企业，根据其违法行为的严重性和企业规模，再减最多 10% 的罚款金额。[②]

66. 如果某一特定案件被证明是特别高的资源密集型案件，GVH 还应给予最高 10% 的罚款减免。[③] 例如，考虑参与程序的大量当事人、大量的投标/项目，以及某些当事方不参与的和解程序（如混合型和解程序）。

6.3 主动赔偿

67. 当实施违法行为的企业部分或全部修复违法行为产生的负面影响时，GVH 将该行为界定为主动赔偿。

68. 如果能够充分确定因违法行为而遭受损害的消费者群体和企业以及造成损害的程度，则对相关当事人的主动赔偿应当是全额的。在这种情况下，实际赔偿金额将从罚款金额中扣除。

69. 如果只进行部分补偿，或者相关当事人或者造成损害的程度不能充分确定，在主动赔偿的框架内，GVH 可以考虑其他措施作为减轻违法影响的罚款减免情节，包括减轻违法行为的影响和损害或者以其他方式为社会公共利益服务。在后一种情况下，GVH 可以特别考虑这些措施——具体而言，服务于受违法行为影响的消费者的福利，或者更广泛地说，直接或间接地服务于与违法行为有关社会群体福利的措施，尽管就特定案件的实际情况而

① See, for instance, VJ/104/2014.

② See, for instance, VJ/104/2014.

③ See, for instance, VJ/057/2014, VJ/074/2014 and VJ/075/2014.

言，这些措施并不意味着接受《竞争法》第 75 条规定的承诺。

6.4　奖励合规努力

70. GVH 认为促进事业单位自愿遵守法律是首要任务，实现这一目标的途径之一，是鼓励企业建立和实施内部程序规则，以确保预防、发现和处理违法行为（以下简称合规）。因此，在处以罚款的过程中，GVH 考虑了事前和事后的合规努力和企业方案。

71. GVH 更重视事前的合规方案，即有关企业在竞争监督程序启动前已经建立的合规努力。合规方案持续适用，可被评价为企业正在采取措施自愿遵守法律的迹象。与此同时，合规方案的存在本身不能作为减少罚款的情节加以评估。为了实现这一目标：

a）必须证明其作出充分的合规努力；

b）发现违法行为后，必须终止违法行为；

c）必须以客观、可信的证据证明，违法行为的终止是由于自愿建立的合规方案或受 GVH 先前程序的约束。

需要考虑的进一步作为从轻情节的条件，是没有公司高管参与违法。① 在这种情况下，考虑事前合规方案，GVH 应将罚款金额减少最多 7%。此外，在合规方案的背景下，如果企业能够向 GVH 提供未知的证据或对现有证据具有显著附加价值的证据；而且，如果有客观、可信的证据证明合规方案有助于获取证据，考虑事前合规方案，则罚款金额应减少最多 10%。

72. 事后的合规努力，即在竞争监督程序启动后或程序期间建立的合规计划，既不能有助于澄清被调查行为，也不能有助于程序的有效性；只能促进其在未来遵守法律。因此，只要企业在建立和实施事后合规方案的同时参加宽大政策，和解程序和/或主动赔偿，与事前合规计划相比，GVH 奖励该企业最高 5% 的较低罚款减免额度。如果根据下文第 73 条的规定认为可以接受，GVH 应在其最终决定中对企业施加履行义务的义务，并应在后续调查过程中监督企业的履行情况。

73. 根据第 70 条的规定，为了使合规方案实现其目标和职能，其必须符

---

① 如果在与合并有关的合规审查框架内发现了违法行为，则可以例外。在这种情况下，目标企业管理层的参与不是拒绝的理由。

合国际公认的最低要求和标准。[①] 因此,在评估合规方案时,GVH 特别审查下列情况:

a)公司(从上到下)清晰和明确地公开承诺遵守《竞争法》;

b)提供必要的可用工作人员和财政资源,以确保合规方案的有效实施;

c)采取措施确保企业员工对合规方案有适当的意识和培养;

d)有效信号,监督和控制机制的运作(包括:在严重违反合规方案的情况下实施的制裁);

e)根据所取得的经验,利用反馈,持续审查和改进方案。

74. 为了提高合规方案的有效性,拟根据《竞争法》第 79/A ~ 79/B 条提供证据的人,就《竞争法》第 79/A(5a)条向 GVH 提出申请时:

a)必须证明,在获取证据时,向 GVH 提供证据时,以及在此期间内,他/她没有,也不受任何公司合规方案的约束,据此,所提供的证据应与以任何形式雇用他/她的雇主(以下简称组织)分享,以使该组织能够采取一切必要且合法的措施探索或终止违法行为(以下简称程序);或

b)必须证明他/她已经履行本条 a)点规定的程序中适用于他/她的义务,但该组织违反 a)点规定的程序;或

c)应证明由于他/她根据本条 a)点所作的贡献将遭受严重的不利影响。

6.5 程序中的其他合作形式

75. GVH 还将上述第 6.1 分章至第 6.4 分章没有涉及的其他合作形式,作为罚款减免情节考虑在内。由于下列情节,GVH 将减免至多 5% 的罚款金额。

76. 从轻情节,特别是有助于侦查违法行为效率的合作程度,如自愿提供证明违法的证据、澄清违法事实或供认违法行为,以及对事实的不抗辩。GVH 也应考虑将下列情况作为罚款减少情节,参与和解程序中,如果和解申请被合法撤回,或者如果由于竞争理事会基于案件事实和情况不认为有可能继续进行和解程序,如选择参与和解程序时所考虑的标准被推翻,或者公共利益不足以证明继续和解程序的正当性,从而终止了和解程序。[②]

---

① Reference materials on compliance, http://ec. europa. eu/competition/antitrust/compliance/compliance_programmes_en. htm.

② See the Settlement Notice, paragraph 94.

77. 在合作义务的范围内提供的数据不能被视为超越法定合作义务的从轻情节，因此不能导致罚款金额的降低。企业在程序中仅声明将不再发生类似的违法行为，也不应导致罚款金额的减少，因为这既不影响对企业违法行为造成的后果的评估，也不能促进避免未来的违法行为，此外，也不构成对未来的担保。同样，根据《竞争法》第 75 条提交（尚未被接受的）承诺本身也不能构成从轻情节。

七、考量支付困难

78. 鉴于企业可能确实存在支付困难，企业必须在执法程序期间提出减少罚款或分期付款的申请。在此背景下，企业必须详细证明，主要通过提供支持性文件证据，证明其在作出罚款决定时的经济情况以及满足申请的必要条件。然而，GVH 在通过其决定时，将考虑前几年的财务报表以及相关的预测。

7.1 减少罚款

79. 在特殊情况下，GVH 可应有关企业的要求，考虑将企业在特定社会和经济背景下无力支付的情况作为罚款减少情节，如果不能通过允许企业分期付款或批准延期付款来消除这种情况。如果仅基于企业不利或亏损的财务状况[①]或其可能退出市场，则不能准予减少罚款。也不能仅基于企业有贷款或信贷偿还义务而准予减少。

80. 如果拟处的罚款金额（由于社会和经济环境）会导致“失败企业”效应，从而显著恶化竞争的结构条件，则可以准予减少罚款。后者不仅仅指企业终止或退出市场，因为其他企业很可能进入市场，而是指拟处的罚款金额将危及有关企业的经济生存能力并导致其资产失去全部价值。[②] 因此，与破产企业相关的其他企业在生产链中的地位显著恶化，失业率显著上升。

7.2 分期付款

81. 缺乏上述提到的导致罚款减少的特殊经济情况，考虑企业困难的正

---

① See the judgment of the Capital Court No. 2. K. 32. 916/1995 (VJ/065/1992).

② See Information on the methods of analysis used by the GVH in proceedings for the authorisation of concentrations, and the range of data required and the data requirements – General methodology 3d. The factors for assessing the non-coordinative horizontal effects of concentrations 11. 1.

当经济状况后，可能有理由准予分期付款。考虑企业目前的财务可能性，由于其无法控制的原因或会造成不必要的困难，无法在截止日期前一次性缴纳罚款，则可根据当事人的申请准予分期付款。但是，如果任何分期付款逾期，仍未偿还的债务总额将一次付清。

八、本通知的适用

82. 本通知由 GVH 适用于其发布之日后启动的执法程序中，其区别包括在第 83 条和第 84 条中。

83. GVH 应将本通知应用于本通知发布前启动的竞争监督程序以及任何与之相关的重复执法程序中，如果本通知发布时，案件执法程序中的竞争理事会尚未根据《竞争法》第 73 条向程序中的当事人送交其初步立场，前提是 GVH 在确定罚款幅度内的起点金额的过程中。

a) 应用 10% 的数值，而不是第 15 条中提到的 30%，

b) 在第 17 条所述情况下，认为相关营业额是投标价值的 3 倍，

c) 不适用第 15 条和第 28 条规定的最低分数。

84. 本通知中提及的 1996 年关于禁止不公平和限制性市场惯例的第 LVII 号法案的程序性规则和由 2017 年第 CXXIX 号法案修改的相关法定条文的程序性规则应适用于 2018 年 1 月 1 日之后启动的程序。

布达佩斯，2017 年 12 月 19 日

匈牙利竞争管理局局长，Miklós JUHÁSZ 博士

匈牙利竞争管理局副局长，竞争理事会主席，András TÓTH 博士

附录

确定罚款的方法

1. 确定罚款幅度内的起点金额

	分数
违法行为的严重性	
a)对竞争的威胁	最高 30
aa)违法行为的类型	
ab)案例中的相关竞争维度	
b)违法行为对市场的影响	最高 30
ba)违法企业的(共同)市场份额	
bb)其他方面,如市场实力、产品性质、溢出效应	

总分　　最高 60 分

反映违法行为的严重性的比例　　最高 30%

2. 确定基础罚款金额

	权重
A 从重因素	
Aa)可归责性	低/中/高
Ab)在违法行为中的角色	低/中/高
Ac)其他因素	低/中/高
B 从轻因素	
Ba)在违法行为中的角色	低/中/高
Bb)外部因素	低/中/高
Bc)其他因素	低/中/高

3. 校正因素

重复违法	
违法所得	
威慑效果	
法定最高限额	

4. 合作考量

适用宽大政策	
* 罚款豁免权 * 有权减少罚款——第一等级 * 有权减少罚款——第二等级 * 有权减少罚款——第三等级	100% 30% ~50% 20% ~30% 0% ~20%
和解程序的收益	10% ~30%
主动赔偿	
合规	
* 事前 * 事后	0 ~10% 0 ~5%
其他合作形式	0 ~5%

5. 支付困难考量

乌克兰罚款指南

乌克兰反垄断委员会
罚款金额计算指南*

The Guidelines on Calculating the Amounts of Fines by the Antimonopoly Committee of Ukraine

2015 年 9 月 15 日

2015 年 9 月 15 日，乌克兰反垄断委员会(the Antimonopoly Committee of Ukraine，AMC)通过了《关于对包括应报未报的合并在内的某些反垄断违法行为处以罚款的指南》(Guidelines on Imposing the Fines for Certain Antitrust Infringements, Including among others, a Failure to File a Notifiable Merger)。

在乌克兰，对各种反垄断违法行为的罚款金额法定上限为违法企业集团全球营业额的一定百分比(例如，与合并控制相关的违法行为最高为 5%)。在这样的上限内，AMC 在确定罚款金额方面拥有广泛的法定自由裁量权。

本指南旨在通过规定 AMC 在确定罚款金额时必须考虑的某些原则和规则，以限制 AMC 的自由裁量权。指南的规定似乎结合了欧盟委员会对竞争违法行为确定罚款的指南中采纳的政策和乌克兰现行的罚款政策。

---

* 翻译：王健，浙江理工大学教授。

本指南对 AMC 仅具有建议性质,不具约束力。然而,AMC 已公开承诺,他们将遵守指南的规定,文件的这种“非正式地位”是暂时的。具有约束力的罚款指南预计将作为竞争法改革“一揽子”计划的一部分予以通过,目前正在讨论之中,预计将于 2016 年通过。

AMC 是如何根据本指南计算罚款金额的?

计算罚款金额的程序包括以下两个步骤:

(a)确定基础罚款金额;

(b)分别根据从重和从轻处罚因素向上或向下调整基础罚款金额。

在 AMC 确定最终罚款金额之前,它还可以考虑:

(i)法律规定的最高罚款限额;

(ii)罚款对企业竞争地位或满足消费者需求的能力的影响;以及

(iii)特殊情况,如不可抗力,允许处以低于推荐的最低罚款金额(象征性金额)的罚款。

第一步:基础罚款金额

在确定基础罚款金额时,应考虑以下因素:

- 违法行为的经济范围(与违法行为有关的销售价值);
- 违法行为的严重性;
- 需要威慑效果;
- 违法行为的持续时间。

基础罚金额是根据与违法行为有关的销售/经济利益的价值的一定比例(百分比)来确定或处以固定金额,同时参考违法行为的严重性。指南根据严重性的程度将违法行为分为以下四类:严重性非常高的违法行为、严重性高的违法行为、严重性中的违法行为和严重性低的违法行为。

对于不同严重性的违法行为,建议的最大销售价值百分比为:

- 45%—(i)竞争者之间的横向反竞争协同行动(卡特尔),(ii)滥用市场支配地位,导致防止、消除或实质性限制了竞争;
- 30%—(i)其他反竞争协同行动,(ii)其他滥用市场支配地位的情况,(iii)未能遵守 AMC 的决定,(iv)导致垄断化或实质性限制竞争的经济集中,以及(v)未能执行 AMC 规定的条件;
- 5%—(i)限制性行为和(ii)未报告重叠的没有问题的集中;

• 1%—(i)妨碍 AMC 的活动和(ii)限制一家企业的经济活动,以报复另一家企业向 AMC 通报反垄断法违法行为的情况。

固定金额将适用于:

• 未能提交重叠的无问题集中申报(6850 ~ 20,550 欧元);[①]

• 强制或促进反垄断违法行为(4100 ~ 13,700 欧元);

• 未能向提交 AMC 要求的信息资料或提交了不准确的信息资料(550 ~ 5500 欧元)。

基础罚款金额不得超过反垄断法规定的最高罚款金额的 2/3。

第二步:根据从重和从轻因素调整基础罚款金额

在计算基础罚款金额后,AMC 可根据从重和从轻处罚因素进行调整:

从重因素(包括如下行为)

如果证明有下列从重处罚因素的,基础罚款金额将最高增加 50%:

♦发起或协调反垄断违法行为(不作为);

♦妨碍案件调查;

♦拒绝与 AMC 合作。

如果证明存在再次违法行为(累犯),基础罚款金额将翻倍。

从轻因素(包括但不限于如下行为)

如果证明有下列从轻处罚因素的,基础罚款金额将减少 50%,例如:

♦在 AMC 启动处理违法行为的行政程序之前自动停止违法行为;

♦赔偿了违法行为导致的损害或以其他方式减轻违法后果;

♦消除了导致违法行为的条件;

♦协同行为的参与者实际上没有实施卡特尔条款,并且存在参与者实际上在市场上竞争的证据;

♦与 AMC 合作;

♦在行政机关的压力下实施违法行为,或在 AMC 启动处理违法行为的行政程序之前申请并购许可。

过去的违法行为如何处理?

指南规定了对历史性交易的“豁免”,这些交易在需要获得 AMC 批准的

---

① 欧元金额根据乌克兰国家银行截至 2015 年 9 月 15 日的官方汇率计算,1 欧元 = 24.82 乌克兰格里夫纳。

情况下未经 AMC 批准就完成。豁免可以在 2015 年 9 月 15 日(指南公布的日期)之后使用。

对于未通知的历史交易,如果参与者在 2016 年 3 月 15 日之前申请许可,则每次集中的罚款金额约为 820 欧元。如果参与者在 2016 年 3 月 15 日之后至 2016 年 9 月 15 日之前向 AMC 申请许可,则每次集中的罚款金额约为 4100 欧元。

指南没有规定豁免申请的程序。因此,我们认为,最有可能的是,AMC 会采用一个标准程序来处理每一次集中的申报。申请人仍有权要求 AMC 缩小披露范围和缩短审查期限。一般来说,豁免申请的做法在未来几个月内将如何发展,还有待观察。

阿尔巴尼亚罚款指南

罚款和宽大处理条例*

Regulation on Fines and Leniency

第一章　一般规定

第1条　目标

本条例的目标是确定一种方法，竞争主管机构据此估计对违反2003年7月28日制定的《竞争保护法》(the Law On the Protection of Competition)(第9121号法令)的企业处以罚款，以及在禁止协议确定的情况下与竞争主管机构合作申请适用宽大处罚。

本条例旨在确立对违反2003年7月28日制定的《竞争保护法》(第9121号法令)的企业处以罚款的方法和程序，促进与企业的合作，防止企业参与违法行为。

第2条　定义

在本条例中，下列词语应具有以下含义：

1."法律"是2003年7月28日修订的第9121号法令，题为《竞争保护法》。

2."销售价值"是指由企业在违法行为已经发生的最后一个财政年度实现的、与违法行为有关的所有商品的销售总额。

---

* 翻译：王健，浙江理工大学教授。

3.“总营业额”是根据本法第15条、第16条和第17条计算的营业额。

4.“附加价值”是竞争主管机构以前没有掌握的证据，可以使其能够证明涉嫌违法行为的存在。

第二章 罚款的确定

第3条 罚款金额的计算

在计算罚款时，对于任何企业或企业协会而言，竞争主管机构最初确定基础罚款金额。可以考虑从重因素而增加基础罚款金额，也可以考虑从轻因素而减少基础罚款金额。

第4条 基础罚款金额

1.在确定基础罚款金额时，委员会以通过企业销售的商品和服务而产生的总收入为罚款基数，这些商品和服务与在有关市场上观察到的违法行为直接或间接有关。委员会考虑在发生违法行为的最近一个财政年度内，通过销售企业的商品和服务而产生的销售总额（以下简称销售价值）。

2.企业协会的违法行为与协会成员企业的行为有关，其销售额应当等于协会成员的总营业额（销售价值）。

3.在确定一个企业的销售价值时，竞争委员会使用这个企业所掌握的最完整和最可靠的数据。如果企业提供的数据不完整或不可靠，委员会可根据能够获得的部分数据和/或任何其他认为合适的信息确定销售价值。

4.根据可适用法律的规定，销售价值在扣除与销售直接相关的任何税款后确定。

5.在发现违法行为的地域市场超过阿尔巴尼亚共和国领土的情况下，竞争管理局采取下列措施：

a）确定与违法行为有关的商品在相关市场地理区域内的总销售价值；

b）确定与违法行为相关的每个企业在该市场上发生的销售份额。

计算相关市场的营业额，作为计算基础罚款金额的依据。

6.针对所有类型的违法行为，在个案的基础上对违法行为的严重性进行评估，并考虑事情的具体情况。

7.基础罚款金额与销售价值的一个百分比相关联，取决于违法行为的严重程度，乘以违法行为的年数。

8.应考虑的销售价值的百分比最高可达到总销售额的30%。为了确定在特定案件中所考虑的销售价值的百分比是否在较高或较低的范围内,竞争主管机构会评估若干因素,如违法行为的性质、所有有关企业在联合市场中的份额,违法行为的地域范围以及反竞争行为是否实施。

9. 涉及固定价格、市场分割和生产数量限制的横向协议,按其性质被认为是秘密的,是最有害的竞争限制之一。因此,对于此类违法行为,应考虑的销售价值百分比通常在罚款幅度范围的上部。

10. 基于任何企业参与违法行为的持续时间,根据销售额确定的价值乘以参与违法行为的年数。然而,

a) 不足6个月的,按照半年计算;

b) 6个月以上1年以下的期间,按照一整年计算。

无论企业参与违法行为的持续时间如何,竞争主管机构应将上述15% ~25%的销售价值纳入基础罚款金额中,以防止企业在将来订立横向协议,参与固定价格、划分市场或限制供应和生产。竞争主管机构也可以在其他违法案件中执行这一额外罚款金额。

第5条　从重因素

1. 在计算罚款时,竞争主管机构应考虑可能导致上述基础罚款金额增加或减少的情况。

2. 当委员会认定存在下列从重因素时,将增加基础罚款金额:

a)同一企业重复同一类型的违法行为;

b)拒绝配合或企图妨碍竞争主管机构进行调查;

c)在违法行为中作为领导者或煽动者的角色。

当出现"a""b""c"点规定的情况,基础罚款金额最多可以增加100%。

3. 对因销售与违法行为有关的商品而获得较大年度营业额的企业,竞争委员会可以决定增加罚款金额。

4. 在客观上可以估算的情况下,竞争委员会可以决定增加罚款,以超过因违法行为而不当获得的收益。在任何情况下,罚款金额不得超过企业或企业协会实现的上一财政年度年营业额的10%。

第6条　从轻因素

1. 当竞争委员会认定存在下列情况时,可减少基础罚款金额:

a)企业能够证明,竞争主管机构介入后它已停止违法行为,但横向协议(卡特尔协议)除外;

b）企业能够证明违法行为是由于过失造成的；

c）该企业能够证明其参与违法行为的程度非常有限，而且在该企业成为被禁止协议当事人期间，其没有实施该行为，并且参与了竞争性的市场行为；

d）该企业与竞争主管机构进行了有效合作，没有从“罚款从宽”方案中获益；

e）如果企业的反竞争行为是由公共当局或立法授权、激励或支持的。

2. 在例外情况下，竞争委员会可根据企业提出的请求，考虑企业已宣布并证明无能力付款的情况。

第三章　从 宽 处 罚

第 7 条　从宽处罚

竞争委员会建议被调查的企业有机会获得罚款的宽大处理，如果企业根据法律和本条例的规定与竞争主管机构合作。

第 8 条　罚款的豁免

1. 如果企业是第一个提出的，并通过提供竞争主管机构以前尚未掌握的证据和信息，协助调查禁止的协议和查明责任人，使其能够进行以下两个步骤，竞争委员会可以免除企业的罚款。

a）对涉嫌禁止的协议启动调查程序；

b）根据法律第 4 条的规定确认违法行为。

2. 为了有资格免于罚款，企业必须履行以下义务：

a）向竞争主管机构提供一份禁止协议的副本或说明，其中包括目的、范围、运作方式、涉及的相关商品、相关市场、受禁止协议影响的市场容量的扩大和评估、协议日期、签署的地点、协议的内容和参与者，以及可能有助于竞争主管机构发现禁止协议的其他信息。

b）披露申请免于罚款的企业的名称和地址，以及参与禁止协议的所有企业的名称和地址。

c）披露所有办公室的名称、职位和地址，并在必要时披露所有申请免于罚款的企业所知的参与或曾经参与禁止协议的个人的地址，以及代表各方参与禁止协议的所有个人的地址。

d）通知竞争主管机构其（申请免于罚款的企业）是否已退出参与禁止

协议的行为。

e)提供给竞争主管机关,以回应其有关禁止协议的要求。

f)不销毁、伪造或更正与禁止协议有关的资料。

g)发现与禁止协议有关的其他信息。

3. 如果在企业提出申请时,竞争主管机构已经掌握了足够的信息来支持以下措施,则不得对本条例第 2 条规定的罚款从宽处理:

a) 对禁止协议启动调查;

b) 已经展开了这样的调查;

c) 作出了处理决定。

4. 如果在企业提出申请时,竞争主管机关没有足够的证据发现法律第 4 条规定的违法行为,则应给予本条例第 2 条规定的罚款宽大处理。

5. 采取行动迫使其他企业参与禁止协议的企业,或继续留在协议范围内的企业,不享受此类罚款的宽大处理。

第 9 条　罚款豁免申请程序

1. 有意获得宽大处理的企业,应书面向竞争主管机构提出申请免除罚款或部分宽大处理罚款的请求。

2. 如果在调查报告完成后提出了从宽处理罚款的请求,竞争主管机构不得接受。

3. 申请人企业必须通知竞争主管机构,其事先已经提出从宽处理的申请并获得从宽处理的认可。

4. 一旦给予罚款豁免,竞争委员会将确定申请人企业必须在规定的时间内提交所要求的信息,以满足罚款从宽的标准。如申请人未能遵守上述标准,则申请人不会获得罚款的宽大处理。

5. 如果申请人企业未能遵守确定的标准和时限,竞争主管机构将以书面形式通知企业。在这种情况下,企业可以撤回免于罚款的申请,或要求竞争主管机构考虑对罚款给予部分宽大处理的请求。

6. 在就同一违法行为正在进行的申请作出决定之前,竞争委员会不考虑对涉及这一违法行为的罚款给予宽大处理的其他请求。

第 10 条　部分从宽处罚

1. 通知参加禁止的协议但不符合罚款豁免标准的企业,可以申请部分从宽处理。

2. 为了有资格从罚款中获得部分宽大处理，企业必须向竞争主管机构提供这些信息，这些信息对于发现被禁止的协议具有附加价值。在竞争主管机构的评估中，应考虑与违法行为有关的证据及其生效的时间。这种证据被认为比后来的证据更有价值。同样，与上述事实直接相关的证据应被视为具有比间接证据更大的价值。

3. 竞争委员会通过其最终决定，确定罚款的宽大程度如下：

a) 对于第一个申请的企业，减少 30% ~50% 的罚款；

b) 对于第二个申请的企业，减少 20% ~30% 的罚款；

c) 对于申请的企业，减少 20% 的罚款。

4. 为了确定在每一个级别内减少罚款的幅度，竞争主管机构将考虑到符合本条第 2 点所述条件的证据提交的时间和其代表附加价值的程度。委员会还可考虑企业在提交申请之日后提供的任何合作的程度和合作的连续性。

5. 如果企业是第一个提供给竞争主管机构以前不知道的事实，而这些事实与违法行为的严重性或涉嫌违法协议的持续时间直接相关，竞争主管机构在对该企业处以罚款时，将不考虑这些因素是第一个或者是唯一一个提供这种证据的人。

第 11 条　部分从宽处罚申请程序

1. 希望从罚款中获得部分宽大处理的企业应向竞争主管机构提出书面请求，并提供有关协议的充分证据。在请求书中必须清楚地注明提交的日期。

2. 竞争主管机构收到请求后，应向企业发出书面确认，其中应说明收到有关证据的日期。

3. 如果竞争委员会认为企业提供的证据具有附加价值，则应在不迟于向企业发送调查报告之日，以书面形式通知企业，告知其可以获得部分从宽处罚。

4. 竞争委员会认定申请人企业不能享受宽大处理时，应以书面形式通知该企业。

第 12 条

在特定情况下，竞争委员会可处以象征性罚款。在这种情况下，委员会应为这一决定作出合理解释。

第 13 条　生效

2004 年 6 月 1 日，竞争委员会第 9 号决定通过的《罚款和从宽处理条例》（the Regulation "On Fines and Leniency from Fines"）失效，本条例立即生效。

韩国罚款指南

关于实施行政罚款详细指南的公告*

Public Notice of Detailed Guidelines for Imposing Administrative Monetary Penalties

（公平交易委员会公告 No. 2017－21，2017 年 11 月 30 日）

一、目的

本公告的目的是，根据《垄断规制与公平交易法》（the Monopoly Regulation and Fair Trade Act，以下简称本法）第 55－3 条（行政罚款）及执行法令（the Enforcement Decree of the Act，以下简称本法令）第 9 条第 3 款、第 61 条第 1 款和第 3 款以及附表 2 相关规定，建立实施行政罚款的详细标准和其他必要事项。

二、定义

1. 基于违法行为类型的基础罚款金额

"基于违法行为类型的基础罚款金额"（以下简称基础罚款金额）为计算行政罚款的基础，该金额的确定基于违法的严重等级。根据本法第 55－3 条关于违法行为的内容和严重程度的规定，将违法行为分为"轻度违法""严重违法""特别严重违法"三种类型。

---

* 英文翻译：方翔，上海交通大学经济法专业博士生；韩文校对：李美慧，华东政法大学经济法专业硕士生。

2. 基于违法行为的时间和频率进行的调整

“基于违法行为的时间和频率进行的调整”(以下简称初次调整)是指根据本法第55－3条有关规定,根据违法行为的时间和频率对基础罚款金额进行调整。

3. 基于违法经营者的故意或过失进行的调整

“基于违法经营者的故意或过失进行的调整”(以下简称二次调整)是指根据对本法第55－3条规定的酌情事由产生影响的违法经营者(包括违法经营者团体;下同)的故意或过失等行为人因素、违法行为的性质和情况等因素,加重或减轻初次调整的罚款金额。

4. 行政罚款的核定

“行政罚款的核定”,是指由于二次调整未充分反映违法经营者的实际负担能力、违法行为对市场产生的影响,或其他市场或经济状况等情况,从而认为二次调整金额显著过高时,减少(包括免除)该当金额后实际处罚的金额。

5. 相关营业额

A. “相关营业额”,是指本法令第9条第1款中所述的相关营业额及根据同一条款规定的相关商品(包括服务;下同)的购买额或等价金额。

B. 相关商品范围

(1)相关商品范围,应根据因违法行为直接或间接受影响的商品的种类和性质,交易地区、交易当事人和交易阶段等因素单独、具体地确定。相关商品应包括因该当违法行为而实际进行交易或未进行交易的商品。

(2)如果无法根据上述第(1)项确定相关商品的范围,与因该当违法行为而导致其他经营者(包括经营者团体;下同)遭受或明显可能遭受的损害相关的商品为相关商品;如果其他经营者未直接遭受损害,则与消费者直接遭受的损害相关的商品为相关商品。

(3)确定相关商品的范围时,可参考韩国统计厅厅长公开宣布的《韩国标准工业分类》下的5类分类,《采矿和制造业统计调查》下的8类分类,或《相关经营者按项目或行业等划分的销售金额等的最小核算单位》。

C. 营业额的计算

（1）营业额应为从销售总额中减去增值税、销售补贴、销售退货和销售折扣后的净营业额；但因违法行为未产生任何营业额时，可以综合考虑以前的销售记录、相关经营者的计划、市场状况等来计算营业额。

（2）违法行为与购买商品有关联时，应当以购买金额为基础计算相关营业额；与投标或特定合同直接相关或仅限于投标或特定合同时，应当根据合同金额计算营业额。

（3）本法令第9-2条的规定（使用营业利润的经营者的范围），适用于本公告中营业额的计算。

6. 违法期间

A. "违法期间"，是指自违法行为开始之日起至违法行为终止之日的期间。开始日期或终止日期不明确时，可以通过考虑经营者的销售和财务相关材料，高管、雇员和交易关系人的陈述，从事相同或相似类型业务的其他经营者的经营及交易之实际状况、惯例，市场状况等来计算违法期间。

B. 在下列任何一种情况下，相应特定日期应被视为违法行为的终止日期：

（1）如果违法行为直到明示行政罚款处分的公平交易委员会审议之日也未终止，则公平交易委员会对该当事件的审议之日即被视为违法行为的终止日期。

（2）如果违反行为发生了两天以上但并未连续发生，则应综合考虑违法行为的类型、性质、目的、动机，未连续发生期间的程度与理由，违法行为的效果，市场状况等，在经济、社会的事实关系被认为统一的范围内将其视为一个违法行为，将最后一个违法行为的终止日期作为违法行为的终止日期。

（3）虽经营者已终止违法行为，但由于造成违法行为的结果导致经营者持续获利或造成损失的，则该经营者终止获利或造成受损的日期为终止日期。

7. 平均营业额（与本法令第9条有关）

A. 上一个营业年度或相关营业年度的标准

本法令第9条第2款规定的前3个营业年度或相关营业年度应以违法

行为的结束日期为基础进行计算。

B. 营业额计算材料

经营者不持有根据会计实务惯例计算直至违法行为终止之日的营业额所需材料时,应根据该当经营者所持有的最近的营业额计算材料,准用本法令第 9 条第 2 款的方法来计算平均营业额。

8. 违法金额

A. “违法金额”,是指因违反本法第 8 –2 条第 2 款至第 5 款(对控股公司活动等的限制等)的规定,与第 17 条(行政罚款)第 4 款相应的金额;违反本法第 9 条(禁止共同出资等)的规定取得或拥有的股票的收购价值;违反本法第9 –2 条(禁止循环出资)的规定取得或拥有的股票的收购价值;违反本法第 10 –2 条(禁止对附属公司进行债务担保)第 1 款而授予的债务担保金额;根据本法第 17 –2 条(关于纠正措施等的特殊情况)第 5 款获得的股票的收购价值;违反本法令第 23 条(禁止不公平交易行为)第 1 款第 7 项或第 2 款的规定而提供或获得的援助金额;违反本法第 23 –2 条(禁止向特殊关系人提供不当利益)第 1 款或第 3 款的规定交易或提供的违法金额。

B. 违反本法第 23 条(禁止不公平交易行为)第 1 款第 7 项或第 2 款的规定提供或获得的援助金额,是指通过实施下列任何行为向特殊关系人或任何其他公司不正当地提供的援助金额。在这种情况下,如果可以计算援助金额,援助金额是指为此类援助支付的金额;如果难以或无法计算援助金额,援助金额应等于与为援助达成的交易规模之 10% 相应的金额。

(1) 向特殊关系人或任何其他公司提供预付款、贷款、人力资源、房地产、证券、货物、服务、无形财产权利等,或以相当优惠的条件进行交易;

(2) 与在交易中不承担实质角色的特殊关系人或其他公司进行交易,即使与其他经营者直接进行商品或服务交易将是非常有利的。

C. 违反本法第 23 –2 条(禁止向特殊关系人提供不当利益等)第 1 款或第 3 款的规定,交易或提供的违法金额是指依照下列任何行为向特殊关系人或子公司提供的金额(交易或提供的金额与正常交易中支付的金额之间的差额)。在这种情况下,可以计算违法金额的,以该金额为违法金额;难以或无法计算违法金额的,与此类交易或提供规模(或在本法第 23 –2 条第 1 款第 2 项规定的情况下为获得商业机会的特殊关系人或子公司的相关营业额)的10%相应的金额为违法金额。

(1)以相比适用于或被认为将适用于正常交易的条件更有利的条件进行交易;

(2)公司直接或通过其控制的公司进行时,指向公司提供可为公司带来相当大的利益的商业机会;

(3)与特殊关系人以相当有利的条件进行现金或其他金融商品交易;

(4)在不合理考虑特殊关系人或子公司的业务能力、财务状况、信用评级、技术技能、品质、价格、交易条件等的情况下进行交易,或在不与其他经营者进行比较的情况下进行相当程度规模的交易。

9. 经营者团体年度预算

“经营者团体年度预算”,是指经营者团体在违法行为终止日期所属年度的年度预算。在这种情况下,如果在违法行为终止日期所属年度的预算尚未编制,则经营者团体的年度预算是指最近3个营业年度中最近一年的预算金额。

10. 不当得利

“不当得利”是指作为因本法第55-3条规定的酌情事由中的违法事由取得的利益,违法经营者因其违法行为直接或间接获得的经济利益。

11. 违法行为的类型

违法行为分为以下7类:

①滥用市场支配地位(本法第3-2条第1款);

②违反关于限制经济权力集中的规定(本法第8-2条第2款至第5款、第9条、第9-2条和第10-2条第1款);

③不正当共同行为(本法第19条)、经营者团体禁止行为(本法第26条第1款)和从事经营者团体禁止行为(本法第28条第2款);

④不公平交易行为(不包括不公平援助行为)(本法第23条第1款第1项至第5项和第8项)和维持转售价格(本法第29条);

⑤不公平援助行为(本法第23条第1款第7项和第2款);

⑥向特殊关系人提供不正当利益(本法第23-2条第1款和第3款);

⑦报复措施(本法第23-3条)。

12. 审议日期

“审议日期”,是指公平交易委员会全体委员会或小组委员会的主席按照《关于公平交易委员会会议流程及案件程序相关规则》(公平交易委员会公告,以下简称案件程序规则)第三章规定的程序对提交审议的案件为议决进行审议的日期。审议两次以上的,最后一次审议的日期为审议日期。

13. 基于违法频率的加权值

"基于违法频率的加权值"(以下简称违法频率加权值),是指为将该等加权值作为决定是否施加行政处罚及行政罚款加权标准的基础资料,根据公平交易委员会按照如下各类型违法频率加权值的处罚标准对违法企业课以的分数。在同一案件中对一个经营者采取两项以上的纠正措施的,只适用与最严厉的纠正措施相对应的违法频率加权值;但计算违法频率加权值时不应考虑行政罚款。

违法频率加权值(按纠正措施类型)

类型	警告*	纠正建议	纠正令	行政罚款	起诉
加权值	0.5	1.0	2.0	2.5	3.0

*"警告",是指根据《案件程序规则》第50条发布的警告,不包括对不属于纠正措施对象的违法行为发出的警告,下同。

三、决定是否处以行政罚款

1. 一般原则

A. 在决定是否处以行政罚款时,应优先考虑违法行为的内容和严重程度,并综合考虑市场状况等再决定;但认为违法行为严重损害自由公平竞争秩序或对消费者造成重大影响的,原则上应处以行政罚款。

B. 有下列情形之一的,原则上应处以行政罚款:

(1)直接确定、维持、变更、限制价格或产量,或为确定、维持、变更、限制价格或产量而实施违法行为的;

(2)认为价格和产量以外的交易条件相关违法行为严重损害公平竞争秩序,或对多数经营者或消费者产生重大影响的;

(3)违法经营者因违法行为获得显著规模的不当利益或使其他经营者获得不当利益的。

C. 以下2. 中规定的违法类型的标准应优先于上述A和B中的标准适用。对于不属于2. 中规定的行政处罚对象的违法行为,未明示将其排除在行政处罚对象之外，且根据一般原则应受行政处罚的，原则上应对其处以行政罚款。

D. 尽管有上述 1. A. 至 1. C. 的规定，违法经营者在过去 5 年内（若为举报案件以接收举报之日为基准日；若为自行申报案件，以提交材料之日、利害关系人等的邀请出席日、现场调查日中最早之日作为基准日；下同）至少一次因违法行为受处罚（包括警告和更严厉的纠正措施，但不包括对不属于纠正措施对象的违法行为发出的警告）且合计后的违法频率加权值不低于 2 分的，原则上应处以行政罚款。

E. 公平交易委员会在决定是否处以行政罚款时，若存在详细评价标准附表中未予考虑的因素，或应考虑的因素与详细评价标准附表中的不同时，可作出与详细评价标准附表不同的决定；但在这种情况下，应在决议中说明作出该等决定的理由。

2. 违法类型的标准

A. 滥用市场支配地位

原则上对任何违反本法第 3－2 条第 1 款的行为都应处以行政罚款。但是，如果考虑违法行为的动机、后果以及市场状况等具体情况，认为决定处以行政罚款是不妥当的，可以不处以行政罚款。

B. 违反任何限制经济权力集中的规定

违反限制经济权力集中的规定的。原则上应处以行政罚款。但是，考虑违法程度、违法行为的动机和后果、市场状况等具体情况，认为不处以行政罚款较为妥当的，可以不处以行政罚款。

C. 不正当共同行为和经营者团体的禁止行为

（1）对不正当共同行为，原则上应处以行政罚款。但是，若参与的经营者未能认识到该行为的违法性，且认为限制竞争的效果及其连锁反应的影响并不显著的，可以不处以行政罚款。

（2）对于经营者团体的禁止行为及其参与行为，应当按照一般原则及各禁止行为的行为类型标准来确定是否处以行政罚款。

（3）属于《案件程序规则》第 50 条第 2 款有关附表警告类别第 1 项规定的“不公平共同行为”和第 2 项规定的“经营者团体的禁止行为”中任一情形的，可以不处以行政罚款。

D. 不公平交易行为(不包括不公平援助行为)及维持转售价格

(1)原则上,对共同拒绝交易、为子公司实施的歧视及集体歧视等行为,原则上应处以行政罚款。对属于其他类型的不公平交易行为(指执行法令附表1－2规定的详细行为类型)和零售价格维持行为,原则上在以下情况下应处以行政罚款:①给多个竞争经营者、交易相对方或消费者造成较大损失或对其造成损失的可能性较为显著的;②违法经营未者因违法行为获得不正当利益的;③故意实施违法行为的。

(2)属于《案件程序规则》第50条第2款有关附表警告类别第2项规定的"不公平交易行为及维持转售价格"中任一情形的,可以不处以行政罚款。

E. 不公平援助行为

(1)对属于限制相互出资的企业集团的经营者实施的不公平援助行为,原则上应处以行政罚款;但是,如果考虑相关行业的特点或交易惯例,援助的违法程度或效果微不足道的,可以不处以行政罚款。

(2)对不属于限制相互出资的企业集团的经营者提供的不公平援助,若在援助客体参与的相关市场中,因其违法行为严重损害竞争秩序或是恶意实施该等行为的,原则上应处以行政罚款。

F. 向特殊关系人提供不当利益

对于向特殊关系人提供不当利益的,原则上应处以行政罚款;但是,对违法程度或影响微不足道的,可以不处以行政罚款。

G. 报复措施

违反本法第23－3条(禁止报复措施)规定的,原则上应处以行政罚款;但是,违法的程度或影响微不足道的,可以不处以行政罚款。

四、行政罚款的计算标准

1. 基于违法行为类型的基础罚款金额

根据违法行为的内容和程度,分为"轻度违法""严重违法""特别严重违法"3种类型后,根据违法行为的不同类型适用下方规定的不同程度的基准费率或罚款基准金额从而确定基础罚款金额。在这种情况下,违法行为的严重程度应根据按违法类型制定的详细评价标准附表计算的分数来确定。但是,可综合考虑违法行为破坏竞争秩序的程度、相关市场现状、对市场的影响及其连锁反应、相关消费者和经营者的损失程度、是否获得不当利益、违法行为的背景、违法经营者与其他经营者或消费者之间的关系等,另行确定违法行为的严重程度。在这种情况下,应在决议中说明作出该等决定的理由。

A. 滥用市场支配地位

(1)应根据违法行为的严重程度,通过相关营业额乘以基准费率来确定基础罚款金额。

严重程度	按评估标准表计算的分数	基准费率
特别严重违法	不少于2.2	不少于2.3%但不超过3.0%
严重违法	不少于1.4但少于2.2	不少于1.5%但少于2.3%
轻度违法	少于1.4	不少于0.3%但少于1.5%

(2)无法计算相关营业额的,或属本法令第10条第1款或第3款情形者,应依违法情节轻重,在基准金额范围内确定基础罚款金额(本法第6条但书规定)。

严重程度	按评估标准表计算的分数	基准金额
特别严重违法	不少于2.2	8亿韩元以上10亿韩元以下
严重违法	不少于1.4但少于2.2	4亿韩元以上8亿韩元以下
轻度违法	少于1.4	5000万韩元以上4亿韩元以下

B. 违反限制经济权力集中的规定

应根据违法行为的严重程度,通过将违法金额乘以基准费率来确定基础罚款金额。

严重程度	按评估标准表计算的分数	基准费率
特别严重违法	不少于2.2	10%
严重违法	不少于1.4但少于2.2	8%
轻度违法	少于1.4	5%

C. 不公平共同行为,经营者团体的禁止活动和从事企业组织的禁止活动

(1)不公平共同行为

(a)应根据违法行为的严重程度,通过将相关营业额与基准费率相乘以确定基础罚款金额。

严重程度	按评估标准表计算的分数	基准费率
特别严重违法	不少于2.6	不少于8.0%但少于10.0%
	不少于2.2但少于2.6	不少于7.0%但少于8.0%
严重违法	不少于1.8但少于2.2	不少于5.0%但少于7.0%
	不少于1.4但少于1.8	不少于3.0%但少于5.0%
轻度违法	少于1.4	不少于0.5%但少于3.0%

(b)相关商品的范围应根据参与经营者之间达成的协议并根据第Ⅱ.5. C中指定的原则确定。但是,即使某商品不包括在协议中,考虑实质性的交易关系、市场条件等,该商品有效地限制了某一交易领域的竞争的,也可以包括该商品。

(c)违法行为的开始日期应当如下:

1)若适用本法第19条第1款,所有参与的经营者同意共同实施本法第19条第1款各项中任一行为的,该达成协议之日应被视为违法行为的开始日期。

2)如本法第19条第5款所述的推定协议等情形难以确定协议日期的,则将各经营者开始实施违法行为的日期视为违法行为的开始日期;若开始实施违法行为后产生实质性限制竞争的效果的,则将产生该等效果之日视为违法行为的开始日期。

(d)关于违法行为的终止日期,应将与不正当共同行为相关的协议不再存续之日视为终止日期。参与经营者多次达成协议的,应当综合考虑协议的具体内容、情形等,确定协议数量和相应的终止日期。

(e)串通投标(指违反本法第19条第1款第8项的行为,下同)应按以下方式处理:

1)参与串通投标的各经营者的相关营业额,为中标(含拍卖,下同)并签订的合同中的合同金额;中标但未签订合同的,为中标价格;如果未中标,为预期价格(无预期价格时,为投标价格);或以只规定预期货量的交货单价中标的,则按审议之日实际产生的营业额计算。但是,对于联合体(联营企业,下同)的成员,计算标准可减少不超过1/2(对于持有至少70%股份的经营者,减少不超过1/10;对于持有至少30%但低于70%股份的经营者,减少不超过3/10;对于持有少于30%股份的经营者,减少不超过1/2)。

2)对投标失败或未提交投标书(虚假投标者)的经营者,如果虚假投标者的数量不超过4个,则计算标准可减少不超过1/2;如果虚假投标人的数量不少于5个,则不超过$(N-2)/N$(N是指虚假投标人的数量,如果以联合体的身份参与了投标,也可指联合体的数量)。

(f)如果无法计算相关的营业额,或属于本法令第10条第1项或第3项的情况,则应根据违法行为的严重程度在基准金额的范围内确定基础罚款金额(本法第22条但书规定)。

严重程度	按评估标准表计算的分数	基准金额
特别严重违法	不少于2.6	17亿韩元以上20亿韩元以下
	不少于2.2但少于2.6	15亿韩元以上17亿韩元以下
严重违法	不少于1.8但少于2.2	12亿韩元以上15亿韩元以下
	不少于1.4但少于1.8	8亿韩元以上12亿韩元以下
轻度违法	少于1.4	1000万韩元以上8亿韩元以下

(2)经营者团体的禁止活动

(a)应根据违法行为的严重程度,通过将经营者团体的年度预算与基准费率相乘以确定基础罚款金额。

严重程度	按评估标准表计算的分数	基准费率
特别严重违法	不少于2.2	70%
严重违法	不少于1.4但少于2.2	40%
轻度违法	少于1.4	10%

(b)如果无法计算经营者团体的年度预算,则应根据违法行为的严重程度在基准金额的范围内确定基础罚款金额。

(3)参与经营者团体禁止活动

(a)应根据违法行为的严重程度,通过将相关营业额基准与费率相乘以确定基础罚款金额。

严重程度	按评估标准表计算的分数	基准金额
特别严重违法	不少于2.2	3亿韩元以上5亿韩元以下
严重违法	不少于1.4但少于2.2	1.5亿韩元以上3亿韩元以下
轻度违法	少于1.4	500万韩元以上1.5亿韩元以下

(本法第28条第2款)

严重程度	按评估标准表计算的分数	基准费率
特别严重违法	不少于2.6	不少于8.5%但不超过10.0%
	不少于2.2但少于2.6	不少于7.0%但少于8.5%
严重违法	不少于1.8但少于2.2	不少于5.0%但少于7.0%
	不少于1.4但少于1.8	不少于3.0%但少于5.0%
轻度违法	少于1.4	不少于0.1%但少于3.0%

(本法第28条第3款)

严重程度	按评估标准表计算的分数	基准费率
特别严重违法	不少于2.2	不少于3.0%但少于5.0%
严重违法	不少于1.4但少于2.2	不少于1.5%但少于3.0%
轻度违法	少于1.4	不少于0.1%但少于1.5%

(b)如果无法计算相关营业额或属于本法第10条第1项或第3项

规定的情形，则应根据违法行为的严重程度在基准金额的范围内确定基础罚款金额。

（本法第28条第2款但书规定）

严重程度	按评估标准表计算的分数	基准金额
特别严重违法	不少于2.6	17亿韩元以上20亿韩元以下
	不少于2.2但少于2.6	15亿韩元以上17亿韩元以下
严重违法	不少于1.8但少于2.2	12亿韩元以上15亿韩元以下
	不少于1.4但少于1.8	8亿韩元以上12亿韩元以下
轻度违法	少于1.4	1000万韩元以上8亿韩元以下

（本法第28条第3款但书规定）

严重程度	按评估标准表计算的分数	基准金额
特别严重违法	不少于2.2	8亿韩元以上10亿韩元以下
严重违法	不少于1.4但少于2.2	4亿韩元以上8亿韩元以下
轻度违法	少于1.4	500万韩元以上4亿韩元以下

D. 不公平交易行为（不包括不公平援助）或维持转售价格

（1）从事不公平交易行为（不包括不公平援助）或转售价格维持

（a）应根据违法行为的严重程度，通过将相关营业额与基准费率相乘以确定基础罚款金额。

严重程度	按评估标准表计算的分数	基准费率
特别严重违法	不少于2.2	不少于1.6%但少于2.0%
严重违法	不少于1.4但少于2.2	不少于0.8%但少于1.6%
轻度违法	少于1.4	不少于0.1%但少于0.8%

（b）如果无法计算相关营业额或案件属于本法第10条第1项或第3项规定的情形的，则应根据违法行为的严重程度在基准金额的范围内确定基础罚款金额（本法第24－2条但书规定）。

严重程度	按评估标准表计算的分数	基准金额
特别严重违法	不少于2.2	4亿韩元以上5亿韩元以下
严重违法	不少于1.4但少于2.2	2亿韩元以上4亿韩元以下
轻度违法	少于1.4	500万韩元以上2亿韩元以下

(2)经营者团体签订不公平国际合同

(a)应根据违法行为的严重程度,通过将年度预算乘以基准利率来确定基础罚款金额。

严重程度	按评估标准表计算的分数	基准费率
特别严重违法	不少于2.2	60%
严重违法	不少于1.4但少于2.2	40%
轻度违法	少于1.4	10%

(b)如果计算经营者团体的年度预算是不切实际的,那么应当在基准金额范围内,根据违法行为的严重程度确定基础罚款金额。

E. 不公平援助行为

应根据违法行为的严重程度,通过将违法金额与基准费率相乘以确定基础罚款金额。

严重程度	按评估标准表计算的分数	基准费率
特别严重违法	不少于2.2	80%
严重违法	不少于1.4但少于2.2	50%
轻度违法	少于1.4	20%

F. 向特殊关系人提供不当利益

应根据违法行为的严重程度,通过将违法金额与基准费率相乘以确定基础罚款金额。

严重程度	按评估标准表计算的分数	基准费率
特别严重违法	不少于2.2	80%
严重违法	不少于1.4但少于2.2	50%
轻度违法	少于1.4	20%

G. 报复措施

(1)应根据违法行为的严重程度，通过将相关营业额与基准费率相乘以确定基础罚款金额(本法第24－2条第1款)。

严重程度	按评估标准表计算的分数	基准费率
特别严重违法	不少于2.2	不少于1.6%但少于2.0%
严重违法	不少于1.4但少于2.2	不少于0.8%但少于1.6%
轻度违法	少于1.4	不少于0.1%但少于0.8%

(2)如果无法计算相关的营业额，或案件属于本法第10条第1项或第3项规定的情形的，则应根据违法行为的严重程度在基准金额的范围内确定基础罚款金额(本法第24－2条第1款但书规定)。

严重程度	按评估标准表计算的分数	基准金额
特别严重违法	不少于2.2	4亿韩元以上5亿韩元以下
严重违法	不少于1.4但少于2.2	2亿韩元以上4亿韩元以下
轻度违法	少于1.4	500万韩元以上2亿韩元以下

H. 如果根据上述A、C、D或G规定的基准金额确定计算标准，可以根据经营者和相关市场的规模、特点等，将计算标准减少到适当的金额。

2. 初次调整

根据违法的期间和频率，可在100%的范围内提高基础罚款金额。

A. 根据违法期间进行调整

确定计算标准的过程中未考虑违法期间的，应根据违法期间对基础罚款金额进行如下调整：

(1)短期违法：如果违法期间少于1年，应维持基础罚款金额。

(2)中期违法：如果违法期间超过1年但不超过2年，则基础罚款金额可提高10%以上但不超过20%的金额；或如果违法时间超过2年但不超过3年，则可提高20%以上但不超过50%的金额。

(3)长期违法：如果违法期间超过3年，基础罚款金额可提高50%以上但不超过80%的金额。

B. 根据违法频率进行调整

(1)最近5年内,经营者因违反本法规定被采取纠正措施一次以上的(包括警告或更严厉的纠正措施,但不包括对不属于纠正措施对象的违法行为发出的警告),且违法频率加权值的和为2分以上的,对于第二次及以后的违法行为,可提高基础罚款金额,具体措施如下:

(a)经营者在最近5年内因违反本法规定被采取纠正措施一次以上(包括警告或更严厉的纠正措施),且基于违法频率加权值的和为3分以上的:10%以上20%以下;

(b)经营者在最近5年内因违反本法规定被采取纠正措施两次以上(包括警告或更严厉的纠正措施),且基于违法频率的加权值的和为3分以上的:20%以上40%以下;

(c)经营者在最近5年内因违反本法规定被采取纠正措施三次以上(包括警告或更严厉的纠正措施),且基于违法频率的加权值的和为5分以上的:40%以上60%以下;

(d)经营者在过去五年内因违反本法规定被采取纠正措施四次以上(包括警告或更严厉的纠正措施),且基于违法频率的加权值的和为7分以上的:60%以上80%以下。

(2)根据上述第三部分1. D和第四部分2. B(1)的规定计算纠正措施的频率时,对于纠正措施无效或撤销纠正措施的判决得到确认的情况(包括在作出行政罚款决议时预期将撤销判决或依职权撤销纠正措施)应予以排除。

3. 二次调整

A. 一般原则

因行为人等因素而提高或降低的,若根据下列B及C中规定的提高或降低事由被承认,应将从各自的提高比例的和中扣除降低比例的和得到的比例与初次调整得到的基础罚款金额相乘,并将得到的金额从初次调整的基础罚款金额上增加或扣除。但经提高或降低后加减的金额不得超初次调整基础罚款金额之50%。

B. 提高原因和比例

(1)已删除。

(2)已删除。

(3)违法经营者对没有应对违法行为的其他企业采取报复措施或使采

取报复措施的:10% 以上 30% 以下。

(4)已删除。

(5)已删除。

(6)已删除。

(7)已删除。

C. 降低原因和比例

(1)当经营者就共同行为达成协议且未执行协议时,以及经营者团体达成违反本法第 26 条第 1 款第 1 项的协议且未执行协议时:不超过 50% 。

(2)已删除。

(3)合作调查等

(a)自审查人员调查阶段起至公平交易委员会审查终止日,违法经营者始终如一承认违法事实,并提交有助于判断违法性的材料或作有关陈述的:不超过 20% 。但是,针对违反本法第 19 条并可根据本法第 22 - 2 条和执行法令第 35 条第 1 款第 1 项至第 3 项享受减免行政罚款的经营者,不再降低基础罚款金额。

(b)即使在审查员调查阶段之后,只要违法经营者在公平交易委员会终止审查之前又重新承认了违法行为,并追加提交有助于判断违法行为的材料或作出相关陈述的:不超过 10% 。

(4)已删除。

(5)违法经营者自行纠正违法行为的情形。在这种情况下,自行纠正不只是指停止违法行为,更是指积极地消除违法行为造成的影响。判断是否属于自行纠正违法行为的情形,应综合考虑违法行为的内容和性质、竞争秩序的恢复或对损害的救济、相关营业政策或行业惯例的改善,以及其他为防止违法行为的再次发生而作出的努力等来判断。违反本法第 19 条并根据本法第 22 - 2 条和执行法令第 35 条第 1 款第 1 项至第 3 项减免行政罚款的人,不得因其自行纠正而降低基础罚款金额。

(a)违法经营者实质上消除了违法行为的影响,如降低价格且降低幅度等同于违法行为引起的提价幅度,或恢复至损害发生前的原状:20% 以上 30% 以下;

(b)降低价格且降低幅度为提价幅度的 50% 以上,或大幅度消除了违法行为的影响:10% 以上 20% 以下;

(c)违法经营者虽不属于上述(a)或(b)规定的情形,但也已为消除违法行为作出了积极努力,且未因可归责于违法经营者的事由而未能消除违法行为的影响:不超过10%;

(d)上述(a)至(d)所规定的自行纠正行为开始后,或已送达审查报告的,可分别降低减少率。

(6)已删除。

(7)已删除。

(8)已删除。

(9)已删除。

(10)已删除。

(11)已删除。

4.行政罚款的确定

A.二次调整后的基础罚款金额未能充分反映违法经营者的实际负担能力、市场经济条件、违法行为对市场产生的影响及因违法行为所取得利益的规模等因素,从而导致基础罚款金额被认为过重的,公平交易委员会可在决议中列明理由,并对经二次调整的基础罚款金额进行如下调整以确定基础罚款金额。但是,如果是因违法经营者的实际负担能力而降低基础罚款金额的,不包括因缴纳公平交易委员会处以的行政罚款单纯地可能遭遇资金上的困难(包括依据本法第55-4条的行政罚款缴纳期限的延长且分期缴纳可使经营者避免遭遇资金上的困难)的情形。

(1)公平交易委员会应考虑以下因素,在降低二次调整的基础罚款金额的基础上,即使适用下列(a)和(b)中的所有事由,仍可在不超过50%的范围内降低基础罚款金额:

(a)根据违法经营者的实际负担能力进行调整时应考虑以下因素:决议日前一营业年度的年度报告显示违法经营者存在资本减值的情况时,可以将二次调整的基础罚款金额降低不超过50%(即使违法经营者处于资本减值的状况,如果无法满足以下在30%范围内降低基础罚款金额的要求,仅可在二次调整基础上在30%的范围内降低基础罚款金额)的范围内降低基础罚款金额。决议日前一营业年度的年度报告显示:(i)经营者的负债率超过300%,或超过200%且超过同一行业(根据韩国统计厅厅长依《统计法》公示的《韩国标准产业分类》下的大分类标准进行分类的行业(如为制造业,则指根据中分类标准进行分类的行业,下同)经营者平均负债率的1.5倍;(ii)当期净利润为赤字;且(iii)与盈余相比,二次调整的基础罚款金额明显过高时,可对二次调整的计算标准在30%以内减少其数额。

(b)在必要情形下限制适用下列事由,且即使以下1)和2)中的所有因素均适用,仍可在不超过10%的范围内降低基础罚款金额:

1)根据市场或经济状况进行调整的,综合对经济变动(经济综合指数等),供求变化(相关行业产业动向指数等),汇率波动等金融危机,石油、钢铁等原材料价格走势,不可抗力等严重气候因素,战争等严重政治因素进行考量时,应考虑市场或经济状况是否已充分恶化。

2)根据违法行为对市场的影响和因违法行为取得的利益的规模进行调整时,应根据个别违法经营者的市场份额、价格上涨的原因和程度、违法行为的背景、相关行业的结构特点以及事实上获得不正当利益的程度等进行调整,并适用于为确保处罚的个别性和具体妥当性的情形。

(2)考虑以下(a)和(b)中的因素,公平交易委员会可以将二次调整的基础罚款金额再降低50%以上,根据《债务人重整和破产法》中的重整程序等客观上认定该经营者无能力缴纳行政罚款的,可以免除行政罚款。

(a)根据违法经营者的实际负担能力进行调整时,决议日前一个营业年度的营业报告显示其资本减值率超过50%,或同时满足(i)决议日前一个营业年度的营业报告显示其负债率超过400%,或超过200%且超过同一行业平均负债率的2倍;(ii)决议日之前的最近两个营业年度的营业报告显示其当期净利润为赤字;(iii)决议日前一个营业年度的营业报告显示其资本减值等3个要件,并同时考虑不降低超过50%违法经营者是否无法维持其经营再行适用。

(b)在必要情形下限制适用下列事由,且即使以下1)和2)中的所有因素均适用,仍可在不超过10%的范围内降低基础罚款金额:

1)根据市场或经济状况进行调整的,综合对经济变动(经济综合指数等),供求变化(相关行业产业动向指数等),汇率波动等金融危机,石油、钢铁等原材料价格走势,不可抗力等严重气候因素,战争等严重政治因素进行考量时,应考虑市场或经济状况是否已充分恶化。

2)此外根据上述事由进行调整的,如认为不考虑违法经营者的营业规模或销售规模,从而未根据与其他违法经营者进行比较衡量的结果在同一事由上降低二次调整后的基础罚款金额将显著违反比例原则、平等原则时,适用上述调整。

3)违法经营者为证明有必要根据“实际负担能力”或“市场或经济状况”需对二次调整的基础罚款金额进行重新调整,应向公平交易委员会提交客观材料。违法经营者应提交包括个别(或单独)财务报表的年度报告,以证明其实际负担能力,如果预期罚款金额已被反映到预计负债、除营业外费用等中时,应另行提交已将此部分排除的、经修订的财务报表。

4)如果公平交易委员会认为有必要客观地评估与上述(3)相关的违法经营者的经营和资产状况,公平交易委员会可以听取公司会计、财务管理和信用评级等领域的外部专家的意见。

B. 已删除。

C. 对一个经营者实施的多个违法行为(包括每个违法行为适用同一法律规定的,下同)处以行政罚款的,应适用下列标准:

(1)对多个违法行为一并审查进行决议的,按照本公告规定的方法,分别计算对每个违法行为应处以的行政罚款,将行政罚款总额作为应处以的行政罚款,行政罚款的最高限额为将对每一违法行为设定的法定最高限额进行合计的限额。但如过因各违法行为产生的影响涉及同一交易领域,且认为经合计的行政罚款总额过高的,可根据上述 A 的标准进行调整。

(2)将多个违法行为分为多个进行决议的,在后续的决议中可以按照上述 A 的标准调整行政罚款,以达到与上述一并决议的情形之间的平衡。

D. 一个行为违反若干法律规定的,按照本公告规定的方式临时确定每个违法行为相应的行政罚款后,以最高的金额作为最终的行政罚款。

E. 二次调整的计算标准低于 100 万韩元的，可以免除行政罚款。

F. 在确定行政罚款时，以免除低于 100 万韩元的金额为原则。但公平交易委员会可在考虑行政罚款的规模后将未满其认为合理的金额单位的金额免除后再决定行政罚款。

G. 作为行政处罚依据的营业额以外汇计算的，应以该外汇为准计算行政罚款，并适用公平交易委员会协议之日 KEB Hana 银行最初公示的套算汇率，将外汇转换为韩元后再决定行政罚款。但是，如果该等外汇未由 KEB Hana 银行进行公示，则应将金额转换为美元后，再转换为韩元。

5. 不正当共同行为自行申报减免制度的适用

对于违反本法第 19 条规定并受本法第 22－2 条（对申报者的减免）的规制的行为，可对依照上述第 4 条规定的标准处以的行政罚款（行政罚款数额达到法定限额的，以该金额为准）进行减少或免除。

五、再审查期限

公平交易委员会应根据《关于训令和例规之发布和管理的规定》（第 334 号总统令），自 2017 年 1 月 1 日起每 3 年（指每个第 3 年的 12 月 31 日）对本公告的妥当性进行审查，并采取改进措施。

附录（2017 年 11 月 30 日）

（1）（执行日期）本公告自公告之日起生效。

（2）（追溯效力）本公告也应追溯适用于本公告生效前的行为。

（3）（适用性）本公告应适用于本公告生效后提交审议的所有案件（不包括申请异议和重新计算行政罚款的案件），但Ⅳ. 2. 的修订规定应自对本公告实施后终止的违法行为进行审议时起适用。

新加坡罚款指南

2016 年 CCCS 关于在竞争案件中确定适当罚款金额的指南*

CCCS Guidelines on the Appropriate Amount of Penalty in Competition Cases 2016

（2016 年 11 月 1 日下午 5 时在政府公报电子版上首次发布）

根据新加坡《竞争法》第 61（1）条的授权，新加坡竞争与消费者委员会（the Competition and Consumer Commission of Singapore，CCCS）特此发布以下指南。

引文与实施

1. 本指南可被称为 CCCS《关于 2016 年适当罚款金额的指南》，并于 2016 年 12 月 1 日开始实施。

废止

2. CCCS《关于适当罚款金额的指南》被撤销。

---

* 翻译：邢驰，浙江理工大学硕士研究生；校对：王健，浙江理工大学教授。

CCCS《关于 2016 年适当罚款金额的指南》

1. 引言

1.1 《竞争法》(the Competition Act,以下简称该法)第 50B 章规定了 CCCS 对违反该法第 34 条、[①]第 47 条[②]和第 54 条禁止性规定[③]的企业发布指示[④]并对其处以罚款[⑤]的权力。

1.2 CCCS《关于 2016 年执行指南》明确规定 CCCS 享有作出罚款指示和处以罚款的权力。

1.3 本指南规定了 CCCS 对该法第 34 条、第 47 条和第 54 条禁止性规定的违法行为计算罚款金额时提供一般指引和信息。

1.4 CCCS 根据《CCCS 2012 合并程序指南》(the CCCS Guidelines on Merger Procedures 2012)规定对违反本法第 54 条禁止性规定的违法行为的处罚进行准确估量时,提出了一些关键考虑因素。这些考虑因素具体通过以下第 2.1 条至第 2.22 条所述的 6 个步骤加以应用。

法定背景

1.5 该法规定,只有当 CCCS 确信企业故意或过失从事第 34 条、第 47

---

① 具有防止、限制或扭曲竞争目的或效果的企业之间的协议、行业协会的决定或协同行为。更多信息参见 2016 年 CCCS《关于第 34 条禁止性规定的指南》(the CCCS Guidelines on the Section 34 Prohibition 2016)。

② 一个或多个企业构成滥用支配地位的行为。更多信息请参见 2016 年 CCCS《第 47 条禁止性规定的指南》(the CCCS Guidelines on the Section 47 Prohibition 2016)。

③ 已经或预期可能会导致新加坡任何市场内商品或服务竞争实质性减少的合并会被禁止。更多信息参见 2012 年 CCCS《合并程序指南》(the CCCS Guidelines on Merger Procedures 2012)和 2016 年 CCCS《合并实质性评估指南》(the CCCS Guidelines on Substantive Assessment of Mergers 2016)。

④ Section 69(1) of the Act.

⑤ Section 69(2)(d) of the Act.

条或第 54 条禁止性规定的行为时，才可处以罚款。①

1.6 根据《2007 年竞争(罚款)令》[the Competition (Financial Penalties) Order 2007]的规定，罚款不得超过新加坡企业违法行为每一年可适用的营业额的 10%，最长处罚期限不得超过 3 年。②

政策目标

1.7 在处以任何罚款时，CCCS 有以下两个目标：

- 对违法企业处以罚款，以体现其违法行为的严重性；
- 确保罚款的威胁威慑违法企业和其他企业从事反竞争行为。

1.8 罚款处罚是自由裁量的，并且目标不仅在于威慑违法企业，而且还威慑其他正考虑从事违反第 34 条、第 47 条或第 54 条禁止规定行为的其他的企业。③

1.9 对所有类型违法行为适当处罚的评估取决于个案的具体情况。

1.10 本指南不能替代该法、条例和命令。如需要，可以对其进行修订。本指南中的示例仅用于说明，不能穷尽所有情况，也没有对 CCCS 的调查与执行活动设定限制。应根据个案的具体情况适用本指南。对自己及其商业活动可能受到该法影响有疑问的人不妨寻求法律咨询。

1.11 本指南使用的术语表附后。

2. 确定罚款金额

2.1 CCCS 根据《竞争法》第 69 条的规定按照以下 6 步骤计算罚款金额：

- 根据违法行为的严重性(以百分比表示)和企业上一营业年度在新加坡相关商品和地域市场的受违法行为影响的营业额确定罚款起点金额。在这种情况下，企业的最后一个营业年度是违法行为结束年份之前的财政

---

① Section 69(3) of the Act.

② Section 69(4) of the Act.

③ 对于违反第 54 条禁止性规定的行为，如果合并当事人知道或应当知道违反第 54 条禁止性规定，或者合并当事人应知道合并会发生或很大可能违反第 54 条的禁止性规定，CCCS 可处以罚款。例如，企业在收到 CCCS 关于拟议合并的不利决定后，仍继续进行自己宣称的不同合并，但实际上只不过是一种对拟议合并的虚假重组。参见 2012 年 CCCS《合并程序指南》第 6.27 条(Paragraph 6.27 of the CCCS Guidelines on Merger Procedures 2012)。

年度("相关营业额");

- 根据违法行为的持续时间进行调整;
- 根据其他相关因素进行调整,如威慑价值;
- 根据从重和从轻因素进行调整;
- 如果超过该法第69(4)条规定的法定最高罚款限额,则进行调整;
- 因豁免、宽大减少罚款和/或快速程序罚款折扣的调整。

第一步:罚款起点金额的计算

2.2 确定一个企业的罚款起点金额应考虑以下因素:

- 违法行为的严重性(以百分比表示);
- 企业的相关营业额。

违法行为严重性的评估

2.3 CCCS将考虑违法行为的严重性,来确定罚款起点金额计算时的百分比。违法行为越严重,涉及范围越广,计算罚款起点金额的百分比可能越高。第34条禁止性规定的严重行为包括,固定价格、分割市场,操纵投标(串通招标)以及限制或控制生产或投资安排。违反第47条禁止性规定的行为,凭借企业支配地位和行为的性质,对竞争过程有或者可能有不利影响的行为,如掠夺性定价,也被认为是严重违法行为。关于第54条的禁止性规定,在评估罚款起点金额计算的百分比时,可能会考虑相关市场内的竞争已经或预期将因合并而实质减少的严重性。

2.4 在评估违法行为的严重性时,CCCS将考虑一些其他因素,包括产品的性质、市场的结构和条件、违法企业的市场份额、进入条件以及其对竞争对手和第三方的影响。违法行为直接或间接对市场的影响和效果也是重要的考虑因素。CCCS将根据个案具体情况评估所有类型的违法行为。

确定相关营业额

2.5 企业的相关营业额,是指企业在上一个营业年度中受到违法行为影响的在新加坡相关商品市场和相关地域市场中的营业额。其中,上一营业年度是指违法行为结束之日的上一个会计年度。

2.6 CCCS要求企业根据第63条规定的信息要求提供相关营业额,并在必要时提供进一步的证据以证明这些信息。一般来说,CCCS将根据企业经审计账目中的数字计算相关营业额。相关营业额应限于企业从销售相关商品和提供相关服务中获得的,属于企业在新加坡的正常营业范围内的金额,并扣除销售折扣、货物和服务税以及与营业额直接相关的其他税费。但是,如果不能获得审计账目或经审计的账目不能反映企业在相关市场中活动的真实规模,CCCS 保留使用不同数字的自由裁量权。

2.7 如果企业不能或拒绝向 CCCS 提供相关营业额或涉嫌向 CCCS 提供不完整或非常低的相关营业额,则 CCCS 可以将相关营业额的问题归责于该企业。

罚款起点金额——相关营业额百分比的适用

2.8 罚款起点金额将根据相关营业额的百分比来计算。

第二步:根据违法行为的持续时间进行调整

2.9 罚款起点金额将乘以违法持续时间。

2.10 为了便于计算违法持续时间,一年中的部分时间实施违法行为可被视为整年。对于违法行为持续时间超过一年的,可以乘以违法的年数,并将一年的部分视为整年。但是,在持续时间超过一年的情况下,CCCS 可以将超过部分四舍五入至最近的月份。

2.11 为便于计算违法的年数,如果违法行为持续时间少于一年视为整年。在特殊情况下,持续时间不少于 1 个月,CCCS 可将违法持续时间四舍五入到最近的月份。

2.12 操纵投标或串通投标的影响一般是不可逆转的,不能轻易纠正,并且在操纵投标或串通投标行为发生后很长一段时间内仍能感受到。基于这个原因,CCCS 一般不会将违法行为的持续时间认定为少于一年。

第三步:根据从重和从轻因素进行调整

2.13 如果 CCCS 认为有从重因素须增加罚款或有从轻因素须减少罚款,可在第二步计算的罚款起点金额基础上进行适当调整。

2.14 从重因素包括:

- 企业是违法行为中的领导者或煽动者;
- 董事或高级管理人员参与违法行为;
- 为确保违法行为的持续性,对其他企业采取报复或其他胁迫措施;
- 介入调查后仍然继续实施违法行为的;
- 同一企业或同一集团内其他企业屡次实施违法行为的;
- 企业没有合理理由不回应有关营业额和/或相关营业额的财务信息要求;

- 对于操纵投标或串通招标,CCCS 可将企业在第一次实施违法行为后参与实施的每一项违法行为作为从重处罚因素,并按一定比例增加罚款;
- 故意而非过失实施违法行为的;
- 企业对宽大处理的申请人采取报复措施或寻求商业报复。

2.15 从轻情节包括:

- 企业的角色,如企业在他人严重胁迫或压力下实施违法行为。
- 企业确实不确定其协议或行为是否构成违法行为。
- 企业已经采取充分措施来确保其行为符合第 34 条禁止性规定或第 47 条禁止性规定。例如,制订任何合规计划。
- CCCS 介入调查后立即终止违法行为。
- 与反垄断执法机构合作,使执法程序更有效和/或更快速完成的。

2.16 在考虑多大程度上给企业存在的任何合规计划从轻处罚的价值时,CCCS 将考虑:

- 是否有适当的合规政策和程序;
- 合规计划是否已经得到有效实施;
- 合规计划是否得到高级管理层的支持与遵守;
- 是否为可能参与竞争法所涉活动的各级员工进行了积极和持续的合规培训;
- 是否对合规计划进行定期评估和审查。

第四步:根据其他相关因素进行调整

2.17 第三步后确定的罚款金额,CCCS 可根据具体情况向上进行调整,以实现第 1.7 条中所述的政策目标,尤其是威慑相关企业及其他企业从事反竞争行为。

2.18 在决定是否提高罚款金额时,CCCS 可以考虑其他因素,包括但不限于对违法企业违法行为所产生或可能产生的任何经济或财务利益的客观估算,以及本案的任何其他特殊情况,包括所涉企业的经营规模和财务状况。除此之外,可以考虑企业在其他商品市场和地域市场以及相关市场中可能获得的任何收益。

第五步:根据是否超过法定最高罚款限额进行调整

2.19 罚款不得超过《竞争法》第 69(4)条规定的法定罚款最高限额,即该企业每一违法年度在新加坡业务的营业额的 10%,最长不超过 3 年

(“总营业额”)。就该法第69(4)条而言,2007年《竞争(罚款)法令》将企业在新加坡的总营业额定义为委员会作出决定之日前的营业年度的可适用营业额,或者如果那个年度的相关数据无法获取,则采用之前最近一年的相关数据。若有必要,可以对罚款数额进行相应调整,以确保罚款不超过法定最高限额。

2.20 行业协会(如贸易协会)参与违反第34条禁止性规定或第47条禁止性规定的行为,可能导致对该协会本身及其成员两者同时处以罚款。如果行业协会的违法行为与其成员的活动有关,则每一营业年度的罚款不得超过在受该违法行为影响的市场上积极参与违法行为的新加坡行业协会的每个成员的营业额的10%,最多3年。

第六步:因豁免、宽大减少罚款和/或快速程序罚款折扣的调整

2.21 如果参与卡特尔活动的企业满足CCCS《2016年企业披露参与卡特尔活动信息获得宽大处理指南》(CCCS Guidelines on Lenient Treatment for Undertakings Coming Forward with Information in Cartel Activity 2016)中规定的对豁免或宽大处理的要求,则可免除全部罚款或大幅减少罚款。CCCS将对第五步后计算的罚款进行必要的调整,以考虑免除企业罚款或给予企业的任何宽大减少罚款。

2.22 CCCS还将考虑对同意采用快速程序的企业减少罚款金额。通过该程序减少罚款是任何可适用的宽大处理减少罚款的补充。

3. 词汇表

营业年度	指的是超过6个月的期间。企业在该期间内公布财务账目,如果该期间没有公布财务账目,则编制财务账目
相关营业额	指的是企业在上一个营业年度在新加坡受到违法行为影响的相关商品市场和相关地域市场中的营业额。其中,上一营业年度是指违法行为结束之日的上一个会计年度
总营业额	指在CCCS作出决定之日前企业一个营业年度的营业额,如果不能获得该营业年度的数据,则指2007年《竞争(罚款)法令》中规定的紧接该营业年度前一个营业年度的企业营业额

续表

企业	指的是任何从事经济活动的自然人或法人，不考虑其法律地位和融资方式。“企业”包括公司、商号商店、合伙、作为个体经营者的自然人、农业合作社，企业联合会（如行业协会）、非营利组织以及（在某些情况下）向特定市场提供商品或服务的公共机构。根据个案情况，如果二者作为一个经济单位在市场上从事营业活动，母公司及其子公司通常被视为一个企业

2016 年 10 月 31 日制定

新加坡竞争与消费者委员会主席：甘泽铨（AUBECK KAM）

马来西亚罚款指南

罚 款 指 南*

Guidelines on Financial Penalties

(2014 年 12 月发布)

本指南不取代《2010 年竞争法》(Competition Act 2010,以下简称该法)或根据该法制定的任何条例。如有需要,可修订本指南。本指南中给出的示例仅供说明之用,不能穷尽所有情况,也没有限制马来西亚竞争委员会(Malaysia Competition Commission, MyCC)的调查和执行活动。在应用本指南时,将考虑每个案件的事实和具体情况。任何对自己以及其商业活动可能受到该法影响并有疑问的人可寻求法律帮助。MyCC 建议企业就其行为、程序、管理和控制等方面的商业活动进行自我评估。他们应该为所有层级的包括董事会在内的所有雇员制定竞争合规程序。

1. 引言

1.1　根据该法第 40 条规定,如果 MyCC 认为存在违反该法第二部分禁止规定的行为,就可以要求立即停止违法行为[第 40(1)(a)条]。

1.2　本指南涉及 MyCC 如何根据该法第 40(1)(c)条的规定决定适当的罚款。

---

* 翻译:邢驰,浙江理工大学硕士研究生;校对:王健,浙江理工大学教授。

2. 实施罚款的法定框架

2.1 本罚款指南以《2010 年竞争委员会法》(the Competition Commission Act 2010)和该法的法定框架为基础。

2.2 《2010 年竞争委员会法》第 17(2)(b)条授予 MyCC 权力,如果其发现存在违反该法第二部分禁止规定的行为,可以实施包括罚款在内的补救措施。《2010 年竞争委员会法》第 17 条授予 MyCC 广泛的权力以执行该法规定的职能,并赋予其对任何违反该法的行为实施罚款的特定权力。

2.3 《2010 年竞争委员会法》第 17 条规定:

17. (1)委员会为了履行职责或者与职责有关,根据竞争法有权采取一切必要的或合适的行动。

(2)在不影响第(1)款的适用情况下,委员会应享有以下权力:

……

(b)对违反竞争法规定的行为处以罚款。

2.4 该法第 40 条的规定强化了《2010 年竞争委员会法》授予 MyCC 的补救权力,其规定:

40. (1)如委员会裁定存在违反该法第二部分禁止规定的行为,它

(a)有权要求立即停止违法行为;

(b)可以明确违法企业须采取的措施,该措施在委员会看来对于停止违法行为是合适的;

(c)可处以罚款;

(d)可作出委员会认为合适的任何其他指示。

(2)委员会须在根据本部分规定作出决定后的 14 日内,通知任何受该决定影响的人。

(3)委员会应拟订和公布每一项决定及其理由。

(4)罚款金额不超过违法行为持续期间该企业全球营业额的 10%。

2.5 如上所述,MyCC 施加的罚款不得超过该法第 40(4)条规定的法定最高罚款额。

2.6 此外,MyCC 有权决定是否实施任何其他补救措施。MyCC 可就停止违法行为的适当措施向违法企业提供指示[第 40(1)(b)条]、处以罚款[第 40(1)(c)条]或给出任何其认为合适的指示[第 40(1)(d)条]。

3. 确定罚款金额

3.1 MyCC 在实施罚款时有以下目标：

——反映违法行为的严重性；

——威慑导致违反该法禁止规定的反竞争行为。

考虑的因素

3.2 在决定某一特定案件的罚款金额时，MyCC 可考虑以下部分或全部因素：

a. 违法行为的严重性；

b. 所涉市场的营业额——此处的营业额是指企业在违法期间的营业额。如果不能获得那个营业年度的营业额，则指该营业年度的前一个营业年度的营业额；

c. 违法行为的持续时间——如果违法行为持续时间少于 6 个月，则按照半年计算。如果违法行为持续时间在 6 个月和 1 年之间，则按照 1 年计算。违法行为持续时间在 1 年以上的，适用以下公式：

最高全球营业额的 10% ×违法年数

d. 违法行为的影响；

e. 过错程度(故意或过失)；

f. 企业在违法行为中的角色；

g. 重复违法行为；

h. 存在合规计划；

i. 在相似案件中的罚款幅度。

3.3 MyCC 如何考虑这些因素以决定罚款金额，如下所述。

从重因素

3.4 从重因素包括但不限于：

a. 企业作为煽动者、领导者或对他人有胁迫行为的；

b. 企业妨碍或不配合调查的；

c. 企业有从事相似或其他第二部分禁止的违法行为的记录(重复违法行为)；

d. 调查开始后仍实施违法行为的；

e. 董事会成员或高级管理人员参与违法行为。

从轻因素

3.5　同时,还可以考虑包括但不限于下列从轻因素:

a. 过错程度低;

b. 在违法行为中充当次要角色,尤其是被威胁或胁迫参与违法行为;

c. 企业配合调查;

d. 存在与企业的性质和规模相适应的企业合规计划;

e. 企业对违法行为受害者的任何赔偿。

宽大处理

3.6　如果企业得到宽大处理,那么根据上述步骤确定的罚款金额,包括遵守法定最高罚款要求减少罚款金额,将按照宽大处理的规定减少罚款金额。

详情参阅 MyCC 发布的宽大处理制度的指南。

中国香港特别行政区罚款指南

香港竞争事务委员会建议罚款的政策*

2020 年 6 月

1. 引言及概述

1.1 根据《竞争条例》(第 619 章)(以下简称《条例》)第 92 条,竞争事务委员会(以下简称竞委会)如有合理因由相信某人①已违反竞争守则或已牵涉入违反竞争守则,可向竞争事务审裁处(以下简称审裁处)提出申请向该人施加罚款。

1.2 根据《条例》第 93 条的规定,审裁处如信纳某人已违反或牵涉入违反竞争守则,可命令该人向特区政府支付审裁处认为款额适当的罚款。《条例》第 93(2)条订明,审裁处在决定罚款的款额时,须顾及以下事宜:

(a)构成违反的行为的性质及范围;

(b)该行为引致的损失或损害(如有的话);

(c)该行为发生的情况;

(d)该人先前曾否被审裁处裁定为违反《条例》。

《条例》清楚述明不局限审裁处可顾及的其他事宜。

1.3 《条例》第 93(3)条订明,就构成单一项违反的行为而言,罚款总

---

* 本政策源于香港竞争事务委员会的官网:https://www.compcomm.hk/tc/legislation_guidance/policy_doc/files/Policy_on_Recommended_Pecuniary_Penalties_Chi.pdf,最后访问日期:2020 年 7 月 12 日。

① 根据《条例》第 2(1)条的释义,"人"(person)包括业务实体及并非业务实体的个人。

额不得超过有关的业务实体在该项违反发生的每一个年度于中华人民共和国香港特别行政区(以下简称香港)所得营业额的10%,为期最多3年。①

1.4　竞委会向审裁处提出申请向某人施加罚款后,一般会于适当阶段向审裁处建议竞委会认为适当的款额(建议罚款)。竞委会公布《建议罚款的政策》(以下简称本政策),旨在确保竞委会在厘定业务实体及业务实体组织的建议罚款时遵循一致的原则,并清楚解释有关原则。

1.5　本政策适用于可能构成以下违反的行为:

(a)违反《条例》第6条下的第一行为守则或《条例》第21条下的第二行为守则(每项各称为"行为守则");或

(b)《条例》第91条所指业务实体及业务实体组织牵涉入违反某行为守则。本政策不处理并非业务实体的个人牵涉入违反某行为守则。②

1.6　竞委会在厘定建议罚款时,一般会应用本政策载述的方法。不过,若某个案情况特殊,竞委会可在具正当理由下偏离本政策所述的一般方法。

1.7　审裁处拥有最终权力决定适当的罚款数额,本政策对审裁处不具约束力。竞委会在计算建议罚款时,将考虑审裁处的相关裁决,亦会对本政策作必要的修订,以体现审裁处及上诉法庭的裁决。此外,竞委会可能根据其酌情权,不时重新审视并修订本政策。

1.8　在厘定建议罚款时,竞委会将应用《条例》第93条订明的评估准则,特别是会逐项考虑《条例》第93(2)条列出的事宜(参见上文第1.2段)。按照相关准则,竞委会认为建议罚款应反映有关行为的严重性并阻遏:

(a)已被裁定为违反或牵涉入违反行为守则的人继续从事反竞争做法("特定阻吓");

(b)任何其他人从事类似反竞争做法("一般阻吓")。

1.9　竞委会亦认为在厘定建议罚款时,与竞委会合作的人应获得适当的宽减。

---

①　计算营业额须参照《竞争(营业额)规例》(第619C章)。年度指业务实体的财政年度,倘有关业务实体没有财政年度,则指公历年。

②　本政策亦不适用于违反合并守则或牵涉入违反合并守则的情况。

2. 厘定对业务实体及业务实体组织的建议罚款

2.1　本部分将列明竞委会如何计算对业务实体及业务实体组织的建议罚款。

业务实体

第一步:厘定基本款额

2.2　竞委会厘定建议罚款的第一步,是定出一个"基本款额",以概括反映构成违反的行为的性质及范围,即《条例》第93(2)条的其中一个强制性考虑因素。竞委会将考虑以下因素以评定基本款额:

(a)与违反行为直接及/或间接相关的销售值;

(b)有关行为的严重程度;

(c)违反行为持续的时间。

销售值

2.3　竞委会将参考的起点,是有关业务实体与在香港境内相关地域范围发生的该项违反直接及/或间接相关之销售值(以下简称销售值)。销售值通常以业务实体参与该项违反的上一个完整财政年度为基础,使用相关总收入计算,无须扣除与该收入直接有关的税项。[①]

2.4　为了评估有关销售值,竞委会一般会要求提供所有相关数据及文件,不论是自愿提供,或是因应竞委会根据《条例》第41条发出的通知而提供。在某些情况下,竞委会可能认为以其他数据源为基础厘定销售值是适切及相关的。举例而言,当某业务实体提供的文件及数据似乎不完整、不可靠及/或具误导性时,竞委会或会参考其他来源的数据。

2.5　在特定情况下,竞委会可能采用不同的方式来厘定相关销售值。例如,当上一个财政年度的销售值未能反映出业务实体经营活动的实际规模时,竞委会可能会以另一财政年度为基础。同样地,如业务实体的销售值为零或极低,竞委会亦可能采用另一方式计算。

有关行为的严重程度

2.6　竞委会将按每宗个案的具体情况,评估构成该项违反的行为严重

---

① 这个计算销售值的方式因此与第三步中按照《竞争(营业额)规例》(第619C章)所采用的方式有所不同。

程度。竞委会将借此确定一个百分比数值(以下简称严重程度百分比),以反映有关行为的严重性。严重程度百分比提供一个整体的衡量准则,以反映有关行为的严重性及过失责任。在设定严重程度百分比时,竞委会可能考虑的因素包括但不限于:

(a)行为类别,包括是否属严重反竞争行为。[①]

(b)涉及的业务实体合共市场占有率。

(c)所施加的罚款是否针对违反行为守则的业务实体[②]或是牵涉入违反行为守则的业务实体。[③] 倘属牵涉入违反行为守则的业务实体,竞委会可能考虑该业务实体的牵涉程度。

(d)对竞争对手、消费者及第三方产生的直接或间接影响。

2.7 竞委会通常会考虑所有相关情况,但不会指明任何因素所占比重(如有)。竞委会将行使酌情权决定适合某项特定违反的严重程度百分比。

2.8 对于严重反竞争行为,竞委会设定的严重程度百分比一般介乎15%至30%之间。

持续的时间

2.9 为反映有关行为持续的时间,竞委会会顾及业务实体参与该项违反的年度数目(以下简称持续时间乘数)。[④] 倘业务实体参与某项违反的持续时间长达1个年度以上,则持续时间乘数将是参与违反的年度数目及以1的分数表示的月份数目,未足一月的天数以四舍五入化为整月。[⑤] 如业务实体参与某项违反的时间少于1个年度,则持续时间乘数通常为1。[⑥]

计算基本款额

2.10 销售值与严重程度百分比相乘,然后再乘以持续时间乘数,即得出基本款额。

第二步:按加重或减轻罚款的因素及其他因素作出调整

2.11 竞委会将在该步骤考虑可能会导致基本款额增加或减少的因素。

---

① 《条例》第2(1)条提供严重反竞争行为的释义。

② 参见上文第1.5(a)段。

③ 参见上文第1.5(b)段。

④ 尽管《条例》第93(3)(b)条订明3个年度,但计算基本款额可能会多过3个年度,因第93(3)(b)条只适用于计算根据法定上限罚款(参见下文第三步)。

⑤ 例如,参与某项违反的时间是在2018年3月1日至2020年8月20日,则持续时间乘数为2.5。

⑥ 在适当情况下,若某行为持续少于1个年度,竞委会或会使用小于1作为持续时间乘数。

2.12　这包括可加重或减轻罚款的情况，说明有关行为发生的情况是《条例》第93(2)条的其中一个强制性考虑因素。[①] 就此，下文第2.14段及第2.15段列出加重或减轻罚款的某些情况。

2.13　竞委会在该步骤亦会考虑该行为引致的损失或损害(如有的话)、该人先前曾否被裁定为违反《条例》，以及是否有需要调整罚款，以收特定阻吓之效。竞委会也会考虑所建议的罚款是公正并与相关个案的情况相称。

加重罚款情况

2.14　加重罚款的情况可能包括但不限于：

(a)业务实体在该项违反中担任领袖或发动者的角色行事；

(b)业务实体对他人采取胁迫及/或报复措施以确保该项违反得以实施、持续及/或保密；

(c)董事及高级管理人员牵涉入该项违反；

(d)当业务实体的行为属极其严重的性质；

(e)当相关反竞争行为反映广泛的行业做法，因此有需要加强一般阻吓；

(f)当有关行为属严重反竞争行为时，有关业务实体知悉竞委会正在调查后仍继续其违反行为；[②]

(g)业务实体阻碍竞委会的调查。

减轻罚款情况

2.15　减轻罚款的情况可能包括但不限于：

(a)对有关行为是否合法真的不能确定；

(b)业务实体对该项违反的参与不多；

(c)业务实体已采取措施，透过实施适切及持续遵守的合规方案，展示企业对遵守竞争责任的承担，确保真正符合《条例》的规定。[③]

先前曾被审裁处裁定违反《条例》的业务实体

2.16　如某业务实体先前曾被审裁处裁定为违反《条例》，竞委会将加

---

① 参见《条例》第93(2)(c)条。

② 当竞委会要求有关业务实体继续参与合谋行为，如目的是避免打草惊蛇，这情况将不会计入这一加重罚款的因素。

③ 有关业务实体必须展示清晰明确的决心令机构上下均遵守竞争法，并采取与其业务规模相称的措施达到这一目标，才有可能被竞委会视为属减轻建议罚款情况的守法举动。

重基本款额,以反映《条例》第93(2)(d)条的强制性考虑因素。在厘定适当的加幅时,竞委会或会顾及(包括但不限于)以下事宜:

(a)先前的违反是否超过一次;

(b)先前的违反与现时的违反相隔多长时间;

(c)牵涉入先前违反的相关人士(如董事及高级管理人员)是否仍受雇于该业务实体,以及是否与现时的违反直接或间接相关;

(d)先前(一项或多项)违反的性质如何,特别要看是否属严重反竞争行为。

该行为引致的损失或损害(如有的话)

2.17 当明显有特定及实际损失或损害,而且基本款额没有完全反映相关损失或损害,竞委会或会适当加重基本款额,[①]以反映《条例》第93(2)(b)条的强制性考虑因素。

特定阻吓

2.18 竞委会认为,罚款有必要具备特定阻吓之效,以促进竞争体系的有效性。故此,竞委会将考虑有关基本款额是否足以产生该等效果或需要进行调整。

相称性

2.19 除确保在评定适当罚款的整个过程中遵循相称性原则外,竞委会将特别在该步骤结束前,考虑在这阶段的建议罚款就有关个案的情况而言是否属公正及适当。

第三步:采用法定罚款上限

2.20 对于构成单一项违反的行为,罚款的法定上限设定为有关业务实体在该项违反发生的每一年度于香港境内得到的总营业额的10%,最长为期3年[《条例》第93(3)条]。[②]

2.21 经过上述两个步骤后,计算出的数额如超出有关法定上限,竞委会将采用法定上限作为建议罚款(但会因应下文载述的第四步进行最后调整)。

---

① 倘若该项违反获得证实是建基于反竞争效果,或是证实有关行为引致了超额收费,便可能出现上述情况。为免生疑问,若特定及实际损失并不明显,竞委会则不会视之为减轻罚款的因素。

② 对于属《条例》第91条下牵涉入违反某项竞争守则的业务实体,竞委会在厘定建议罚款时,亦可在适当情况下设定类似的上限。

第四步：因合作而宽减及考虑无能力偿付

因合作而宽减

2.22 业务实体如与竞委会合作，经过上述3个步骤计算出的数额将予以扣减以作最后调整（如适用）。倘属合谋行为，因合作而扣减的数额将根据竞委会发布的《为从事合谋行为之业务实体而设的合作及和解政策》决定的扣减率计算。①

无能力偿付

2.23 在特殊情况下，竞委会可能会考虑业务实体无能力偿付，而减轻建议罚款。届时，业务实体须提供明确且令人信服的证据，证明其财务状况以及建议罚款会严重破坏其财务可行性。

业务实体组织

2.24 如业务实体组织牵涉入与其成员行为有关的某项违反，竞委会一般会采用适用于业务实体的方法，亦会对有关方法作适当修改。就第一步而言，在评估业务实体组织的销售值时，需因应不同个案的情况逐一进行评估，当中包括顾及组织成员的销售值。

---

① 这包括在该政策中定义的合作扣减率及任何宽待额外扣减率。

南非罚款指南

南非关于竞争法禁止行为行政处罚决定的指南*

Guidelines for the Determination of Administrative Penalties for Prohibited Practices

2015年5月1日最终生效

前言

本指南是根据南非《1998年竞争法》(the Competition Act)(第89号法令,已修正)(以下简称该法)第79(1)条制定的,该法允许竞争委员会(以下简称委员会)制定包含属于其管辖范围内事项的指南以表明其政策方针。

竞争法庭(the Competition Tribunal,以下简称法庭)、竞争上诉法院(the Competition Appeal Court,CAC)和其他利益相关者,越来越需要委员会制定有关确定行政处罚的指南。①

本指南介绍了委员会为了在提交给法庭的起诉中达成同意令、签订和解协议以及建议行政处罚时,决定行政处罚应遵循的一般方法。委员会认为,确定行政处罚不是一门精准的科学,所以该指南不会妨碍委员会根据个

---

* 翻译:邢驰,浙江理工大学硕士研究生;校对:王健,浙江理工大学教授。

① See Competition Commission v. Southern Pipelines Contractors & Conrite Walls (Pty) Ltd. Case No.:23/CR/Feb09 at paragraphs 40, 42 and 43 See Southern Pipelines Contractors & Conrite Walls (Pty) Ltd. v. Competition Commission Case Nos.:105 & 106/CAC/Dec10.

案情况行使自由裁量权。本指南的基本目的是在确定行政处罚的方法中提供客观性和透明度。

1. 定义

1.1 除非上下文另有说明,否则以下术语适用于本指南。

1.1.1 “该法”是指《1998 年竞争法》(第 89 号法令,已修正);

1.1.2 “行政处罚”是指法庭根据该法第 59 条规定处以的罚款;

1.1.3 “受影响的营业额”是指该公司在南非共和国的年度营业额和出口额,其可以根据因违法行为影响的商品或服务的销售额来衡量;①

1.1.4 “基础罚款金额”是指根据下述方法确定的受影响营业额的一定比例计算的罚款金额;

1.1.5 “基准年度”是指有证据表明企业实施违法行为的最近一个会计年度;

1.1.6 “CAC”是指根据该法第 36 条设立的竞争上诉法院;

1.1.7 “CLP”是指 2004 年 2 月 6 日第 25963 号政府公报(经修订)公告的 2004 年第 195 号通知中定义的竞争委员会的企业宽大处理政策(the Competition Commission’s Corporate Leniency Policy, CLP);

1.1.8 “委员会”是指竞争委员会,即根据该法第 19 条设立的法人;

1.1.9 “持续时间”是指企业从事违法行为的月数或年数;

1.1.10 “企业”包括自然人、法人、合伙企业或信托,包括组成单一经济实体的企业联合体,企业的部门和/或业务单位;

1.1.11 “企业的年营业额”是指该企业在一个财政年度在南非共和国的年营业额及出口额;

1.1.12 “控股公司”是指经修订的 2008 年第 71 号《公司法》第 1 条所定义的控股公司;

1.1.13 “法庭”是指竞争法庭,即根据该法第 26 条设立的法人。

---

① See paragraph 134 of the Competition Tribunal decision in Competition Commission v. Aveng Africa Limited t/a Steeledale, Reinforcing Mesh Solutions (Pty) Ltd., Vulcania Reinforcing (Pty) Ltd. & BRC Mesh Reinforcing (Pty) Ltd. Case No.: 84/CR/Dec09.

2. 引言

2.1 委员会认为,行政处罚是执行该法的重要方式。行政处罚的首要目标是威慑。对违反该法企业的未来反竞争行为具有特别威慑作用,并且对其他可能考虑从事反竞争行为的企业具有一般威慑作用。

2.2 该法规定,对从事该法第4(1)(b)条,第5(2)条或第8(a)、(b)或(d)条所禁止行为的企业以及对于实质上从事法庭先前认定为第4(1)(a)条、第5(1)条、第8(c)条或9(9)条所禁止的行为的重复行为的企业处以行政处罚。

2.3 法庭①和CAC② 现在就如何确定行政处罚提供了指导,并最终发展了特定的六步裁量法。委员会发布本指南,阐明其对在同意令或和解协议中法庭适用方法的解释,并对法庭和CAC确定行政处罚提出建议。

3. 政策目标

3.1 本指南的主要目的是就委员会为如何确定行政处罚提供一定程度的透明度和客观性。

3.2 在制定本指南时,委员会对其他竞争主管机构(如欧盟委员会和英国竞争与市场管理局)制定的指南和刑法典,以及法庭在其六步裁量法中提出的原则(并得到CAC认可)进行了审查和比较。在这样做时,委员会注意到每个司法管辖区的差别和变化,包括这些司法管辖区的竞争主管机构必须处以行政处罚的法定要求。委员会还注意到该法第二章所禁止的行为在性质上的差异。

4. 立法框架

4.1 本指南根据该法第79(1)条制定的。该条规定允许委员会制定指南,以说明其对属于该法管辖范围内的任何事项的政策方针。本指南旨在

---

① Competition Commission v. Aveng (Africa) Limited t/a Steeledale, Reinforcing Mesh Solutions (Pty) Ltd., Vulcania Reinforcing (Pty) Ltd. and BRC Mesh Reinforcing (Pty) Ltd. Case No.:84/CR/Dec09.

② Reinforcing Mesh Solutions (Pty) Ltd. and Vulcania Reinforcing (Pty) Ltd. v. Competition Commission 119 &120/CAC/May 2013.

根据该法第79(2)(b)条提供指导,对委员会、竞争法庭或CAC各自的自由裁量以及对该法的解释不具有约束力。

4.2 委员会不是行政处罚的最终裁决者,也不是同意令或和解协议的最终裁决者。相反,委员会就行政处罚作出的决定必须得到法庭的批准,并由法院通过上诉和/或审查进行监督。

4.3 根据该法第58(1)(a)(iii)条和第58(1)(b)条与第59条的规定,法庭可对违反第4(1)(b)条,第5(2)条,第8(a)条、第8(b)条、第8(d)条的禁止行为进行行政处罚。法庭还可以对违反该法第4(1)(a)条、第5(1)条、第8(c)条或9(1)条的行为进行行政处罚,前提是该行为实质上是由法庭先前认定为禁止行为的同一行为所重复的。

4.4 根据该法第49D条和第58(1)(b)条的规定,委员会和被告可以就适当命令的条款达成协议,并由法庭予以确认。该命令的条款可包括关于适当支付行政罚款的协议。

4.5 根据该法第27条的规定,法庭可就任何违法行为作出裁决并处以行政处罚,作为该法规定的补救措施。

5. 计算罚款金额的方法

5.1 作为一般方法,委员会在确定企业因违反该法相关条款而应承担的行政罚款时,将采用法庭的六步裁量法,即:

5.1.1 第一步:确定基准年度受影响的营业额;

5.1.2 第二步:按照受影响的营业额的百分比计算基础罚款金额;

5.1.3 第三步:将步骤二中获得的罚款金额乘以违法行为持续时间;

5.1.4 第四步:如果根据步骤三中获得的罚款金额超出该法第59(2)条规定的罚款金额的上限,则四舍五入进行调整;

5.1.5 第五步:在步骤四中计算的罚款金额基础上,再考虑从轻和/或从重因素,通过将上述罚款金额的一定百分比进行折扣或附加的方式,减少或增加罚款金额;

5.1.6 第六步:如果超出该法第59(2)条规定的罚款金额的上限,则四舍五入。

5.2 在适当情况下,可以进一步调整根据上述方法计算出的罚款金额:

5.2.1 因和解协议的适用而减少罚款。

5.2.2　在特殊情况下，无力支付下文第7段规定的款项。

第一步：确定受影响的营业额

5.3　受影响的营业额是指已受到违法行为影响的企业商品或服务销售产生的营业额。①

5.4　一般而言，委员会考虑该企业在基准年度内受影响的营业额。

5.5　委员会将参考该企业经审计的财务报表。如果没有经过审计的财务报表，委员会则考虑反映企业受影响营业额的任何其他可靠记录，或根据可用信息估算受影响营业额。

5.6　如果违法行为发生在行业协会的支持范围内，并且协会负责协助、组织和/或执行违法行为，则协会也要承担罚款责任，而且该罚款须与该协会成员企业的罚款分开支付。协会的受影响营业额通常将基于协会的总收入/协会成员的会费来考虑。

5.7　在某一特定市场（例如，在市场分割协议中禁止进入某些商品或地理市场的情况）企业受影响营业额为零的情况下，委员会可以考虑该企业因该行为而受保护市场中的年度营业额，这个受保护的市场是因该行为分配给该企业的市场。

5.8　在发生一次性串通投标行为的情况下：

5.8.1　对于合谋协议中的中标当事人，委员会考虑将下列金额中较大者为受影响的营业额：(1)中标人提交的投标书中的金额；(2)根据招标程序签订或将即将签订的合同金额；(3)根据招标最终支付给中标人的金额。

5.8.2　对于合谋协议中没有中标但提交或同意提交据称具有竞争性的报价的企业，或者同意不提交报价或为了确保另一家公司中标以某一特定标准提交投标书的企业，委员会考虑将下列金额中较大者为受影响的营业额：(1)未中标公司所提交的投标书中的金额；(2)根据招标程序签订或将签订的合同金额；(3)根据招标最终支付给中标人的金额。

---

① See paragraph 134 of the Competition Tribunal decision in Competition Commission v. Aveng Africa Limited t/a Steeledale, Reinforcing Mesh Solutions (Pty) Ltd., Vulcania Reinforcing (Pty) Ltd. & BRC Mesh Reinforcing (Pty) Ltd. Case No.: 84/CR/Dec09. See paragraph 45 of the Competition Tribunal decision in Competition Commission v. DPI Plastics (Pty) Ltd., Petzetakis Africa (Pty), Marley Pipe Systems (Pty) Ltd., Swan Plastics (Pty) Ltd., Amitech South Africa (Pty) Ltd., Flo-Tek Pipes & Irrigation (Pty) Ltd., MacNeil Agencies (Pty) Ltd., Andrag (Pty) Ltd., Gazelle Plastics (Pty) Ltd. & Gazelle Engineering (Pty) Ltd. Case No.: 15/CR/Feb09.

第二步:计算基础罚款金额

5.9 委员会将参考该企业受影响的营业额来计算将要征收的基础罚款金额。

5.10 基础罚款金额按受影响的营业额的一定比例来计算,范围在0~30%。[①] 具体比例将基于第59(3)条中列举的一些因素,尤其是第59(3)条(a)、(b)和(d)款列出的因素,这些因素是:

5.10.1 违法行为的性质、严重性和程度;

5.10.2 因违法行为而遭受的任何损失或损害;

5.10.3 发生违法行为的市场情况。

5.11 在确定基础罚款金额所占比例较低还是较高时(0~30%),委员会将考虑以下因素:

5.11.1 受影响商品的性质;

5.11.2 市场结构;

5.11.3 所涉企业的市场份额;

5.11.4 市场进入壁垒;

5.11.5 违法行为对竞争者和消费者的影响,以及对中小企业和低收入消费者的可能影响。

5.12 尽管有上述规定,但委员会注意到,可能并不总是能够精确地衡量或估算由于该行为遭受的损失或损害,特别是鉴于该行为的性质,构建反事实状态是不可能的。对于卡特尔行为,损害是推定的,不会被证实。

5.13 对于极其严重的违法行为,按罚款幅度的较高比例计算基础罚款金额,如核心卡特尔行为(固定价格、市场分割和串通投标)以及某些形式的市场支配地位滥用行为或单方行为(超高定价、掠夺性定价、拒绝提供基础设施、诱导行为以及大量购买稀缺的中间产品或资源)。[②]

---

① See paragraph 147 of Competition Commission v. Aveng Africa Limited t/a Steeledale, Reinforcing Mesh Solutions (Pty) Ltd., Vulcania Reinforcing (Pty) Ltd. & BRC Mesh Reinforcing (Pty) Ltd. Case No.: 84/CR/Dec09.

② See paragraph 147 of Competition Commission v. Aveng Africa Limited t/a Steeledale, Reinforcing Mesh Solutions (Pty) Ltd., Vulcania Reinforcing (Pty) Ltd. & BRC Mesh Reinforcing (Pty) Ltd. Case No.: 84/CR/Dec09 Ibid at paragraphs 140 – 147; Commission v. Telkom Case No. 11/CR/Feb04 (decision 7 August 2012); and Commission v. Sasol Chemical Industries Case No. 48/CR/Aug2010 [011502].

第三步:违法行为持续时间

5.14 一旦委员会确定了适当的基础罚款金额,则考虑该企业参与违法行为的持续时间。委员会这样做时,将基础罚款金额乘以参与违法行为的年数。

5.15 如果违法行为的存在早于《竞争法》,则违法行为持续时间从《竞争法》生效的日期 1999 年 9 月 1 日开始。

5.16 对于违法行为持续时间少于一年的,委员会将采用违法行为持续时间占一年的比例作为持续时间乘数。例如,如果违法行为持续了 8 个月,则委员会将采用 8/12 的持续时间乘数。①

5.17 对于与该法第 4(1)(b)(iii)条有关的违法行为,即串通投标,委员会将以合同持续的年数作为持续时间乘数。② 在涉及赔偿金的案件中,③委员会可考虑将期限延长至最后一笔赔偿金支付之日。④

第四步:法定罚款限额

5.18 如果在第三步中确定的行政处罚超过了企业在上一个财政年度的年营业额的 10% 的最大允许限额,委员会为了计算行政罚款金额,则必须考虑该法第 59(2)条规定的最大允许法定限额。

第五步:根据从重和从轻因素调整

5.19 一旦确定了基础罚款金额,委员会将根据该法令第 59(3)条中的相关因素向上或向下调整该罚款金额,该条规定评估了每个企业及其行为的从重与从轻处罚因素,而上述第二步可能没有考虑这些因素。这些因素包括:

5.19.1 该法第 59(3)(c)条与企业于违法期间在市场上的行为有关。也就是说,与消费者和竞争对手有关,而不是其对竞争主管机构的回应。这还将包括但不限于以下方面的考虑:

---

① 在委员会诉 DPI 塑料及其他公司一案(Commission v. DPI Plastics & Others)中,法庭对 MacNeil 的七个月参与违法行为适用了 7/12 持续时间乘数。

② Videx Wire Products (Pty) Ltd. v. Competition Commission of South Africa Case No.: 124/CAC/OCT12.

③ 赔偿金是指两个或两个以上的投标人各自准备并提交自己的投标书,条件是中标方将向未中标方支付一笔商定的金额。See decision of the Office of Fair Trading, No. CA98/02/2009: Bid rigging in the construction industry in England 21 September 2009 (Case CE/4327 – 04).

④ See decision of the Office of Fair Trading, No. CA98/02/2009: Bid rigging in the construction industry in England 21 September 2009 (Case CE/4327 – 04).

5.19.1.1　企业参与违法行为的性质,即企业是否主动发起违法行为,是否是被动参与者,以及是否被参与违法行为的其他企业胁迫;

5.19.1.2　善意、过失或故意参与违法行为;

5.19.1.3　董事和/或高级管理人员参与实施违法行为;

5.19.1.4　企业鼓励员工参与违法行为,如对个人奖励与违法行为的成功挂钩;

5.19.1.5　企业在知悉委员会调查后是否继续实施或停止违法行为;

5.19.1.6　企业是否通过在内部采取补救措施积极主动配合调查和及时采取行动;

5.19.1.7　有证据表明,委员会介入调查后企业就停止了违法行为;

5.19.1.8　企业是否实施了反竞争行为。

5.19.2　该法第59(3)(e)条与因违法行为的获利有关。这包括但不限于考虑对企业因违法行为而获得利润水平进行评估的考虑。委员会注意到,在所有案例中进行评估是不可能的。这是因为参与某些反竞争行为的收益不仅限于可量化的金钱利益,而且还包括保护参与的企业不受效率、投资和服务等竞争需求的影响。对于与第4(1)(b)条有关的案件,可以推定该行为是有利可图的。

5.19.3　该法第59(3)(f)条与委员会和法庭的配合程度有关。包括但不限于以下方面的考虑:

5.19.3.1　企业在多大程度上延误、妨碍和/或协助加快调查和诉讼程序;

5.19.3.2　企业是否采取实际行动进行合作以促进案件的迅速解决。

5.19.4　该法第59(3)(g)条与被告之前是否被发现违反该法有关。这可能包括但不限于以下方面的考虑:

5.19.4.1　该企业所从事的行为是否实质上就是重复法庭先前判决认定的违法行为;

5.19.4.2　对于法庭认定为违法行为,和/或者通过和解和/或同意令最终确定的行为,企业根据竞争委员会的企业宽大处理政策获得宽大处理的案例。

第六步:法定罚款限额的考虑

5.20　根据该法第59(2)条的规定,行政罚款不得超过该企业上一个财政年度在南非共和国的年营业额及其从南非共和国的出口额的 10% 。

5.21 如果以上步骤确定的行政罚款超过了该企业上一个财政年度年营业额的 10% 的法定最高限额,则委员会采用法定最高限额的罚款金额作为行政罚款。

5.22 在行业协会根据其营业额或收入支付行政罚款的情形,其行政罚款将不超过上一财政年度年营业额或收入的 10% 。

5.23 委员会在适用法定罚款上限时考虑的上一个财政年度,指的是作出行政罚款的上一个财政年度。如果上一个财政年度无营业额,则有营业额的最后一年作为上一财政年度的营业额。

6. 企业因和解减少罚款的情形

6.1 委员会在采用上述六步法作出行政罚款的基础上,可自由裁量按照 10% ~50% 的比例减少罚款。在这样做时,委员会将特别考虑:

6.1.1 企业显示出与委员会迅速达成和解的意愿。在调查的早期阶段与委员会达成和解的企业比在诉讼前与委员会达成和解的企业可以享有更多的罚款折扣。

6.1.2 企业协助起诉其他参与违法行为的企业的程度。委员会可考虑相关因素,如企业是否提供及时、完整和/或准确的信息,以证实委员会在调查期间收集的其他证据。以下因素为委员会对一家企业的期望提供了指引,这些因素可能使企业在与委员会和法庭合作时获得最大罚款折扣。

6.1.3 主动向委员会提供可能存在反竞争行为的信息。这并不否定委员会在卡特尔活动方面的 CLP 目标,但可能有利于(赚取折扣)一个企业,该企业没有获得委员会 CLP 方面的完全豁免。

6.1.3.1 提供与委员会正在进行的调查和/或起诉有关的、由违法企业控制和/或拥有的、使委员会能够有效和迅速起诉案件的充分证据,如文件;

6.1.3.2 向委员会提供所有和任何证人在法庭作证,以支持委员会的案件。

7. 企业支付行政罚款的能力

7.1 委员会确定适当的行政罚款后,在特殊情况下,可以考虑企业支付行政罚款的能力。这将是例外,不能指望行政罚款在此基础上进行调整。在这种情况下,委员会将注意该企业的财务状况和市场情况,以避免对特定企业施加巨大困难,从而导致竞争显著减少。这并不意味着否定考虑比例原则和公平原则。

7.2　为此,企业必须向委员会提供客观证据,[①]证明根据本指南的规定处以行政罚款将无可挽回地损害相关企业继续交易和退出市场的能力。这些证据包括但不限于证明企业财务状况真实性的已审计财务报表。委员会将考虑整个企业而不是特定部门的财务状况。

7.3　在这种考虑下,仅存在亏损的财务状况不足以获得该特殊的减少罚款。

7.4　如果一家企业能够证明其无力按照上述第 7.1 条和第 7.2 条规定支付行政罚款,则委员会可以考虑采用优惠的支付条件。只有该企业能够客观地证明,即使从长远来看仍无法支付行政罚款,委员会才会在此基础上考虑减少罚款。

8. 控股公司对行政罚款的责任

8.1　如果发现控股公司(母公司)的子公司违反了该法,则委员会可以将最终支付行政罚款的责任归咎于该公司。在决定本条的适用时,委员会将考虑是否存在下列情形:

8.1.1　母公司或控股公司全资拥有子公司。

8.1.2　母公司或控股公司直接控制子公司,或对子公司的商业政策具有决定性或重大影响。其中重大影响类似于该法第 12 条第 2 款(g)项所考虑的影响,即"对公司政策产生重大影响的能力,其方式可与在一般商业实践中能够行使(a)项至(f)项所述控制要素的人相媲美"。

8.1.3　母公司或控股公司知晓子公司参与了违法行为。

8.1.4　母公司从子公司的行为中获得了实质性利益。

8.2　为了确定母公司或控股公司对其子公司是否有重大影响,委员会将根据事实和个案情况分析母公司或控股公司与其子公司之间的整体关系。委员会将考虑母公司或控股公司是否有能力实质性地影响与子公司在

---

① 例如,与商业救援程序、破产程序等有关的信息。

市场上行为相关的政策。该政策包括母公司或控股公司通过其子公司确定和实现商业目标的战略方向和能力。

8.3 在委员会将最终支付行政罚款的责任归咎于母公司或控股公司的情况下,当确定适当的罚款时,上述步骤四的法定罚款上限将基于子公司上一个财政年度的年营业额计算。在步骤六,法定罚款上限将基于母公司或控股公司在上一个财政年度的年营业额计算。

8.4 对于违反该法的全功能合营企业(和任何其他合营企业),委员会可以要求合营企业的母公司对于最终支付的行政罚款承担连带责任。[①] 如果有证据证明合营企业的母公司对子公司的商业政策具有决定性或重大影响,则委员会就会这样做。其中,何为重大影响与上述第 8.1.2 条规定的影响相同。委员会将基于事实和个案分析,考虑母公司与合营企业之间的整体关系,以及考虑母公司是否有能力实质性地影响合营企业的战略和商业政策。[②]

8.5 如果委员会认定母公司或控股公司负有支付行政罚款的责任,则步骤六中的法定罚款限额将根据该母公司或控股公司在上一个财政年度的合并年营业额来计算。

8.6 如果企业的分公司或事业部违反了该法,则对该分公司或事业部负有法律责任的企业可能被要求对最终的行政罚款承担责任。

9. 一般和特殊规定

9.1 尽管已处以行政罚款,委员会仍可采取其他补救措施,以寻求解决违法行为对竞争造成的损害。这种补救措施可以超出最终的行政罚款。

9.2 在某些情况下,委员会考虑个案具体情况而处以名义行政罚款。

9.3 在适用的情况下,委员会将根据《1999 年公共财政管理法》(the Public Finance Management Act of 1999)第80(1)(b)条和《1975 年法定利率法》(the Prescribed Rate of Interest Act of 1975)(第 55 号法令)确定与处以的行政罚款有关的利息。

---

① EI du Pont de Nemours and Company v. European Commission, Case C-172/12 P.

② Coöperatieve Verkoop-en Productievereniging van Aardappelmeel en Derivaten Avebe BA v. Commission of the European Communities, Case T-314/01.

10. 委员会的自由裁量权

以上过程介绍了委员会在确定行政处罚时遵循的一般方法。尽管有上述规定,但这不会影响委员会和/或法庭和/或 CAC 以及其他法院在需要时根据个案考虑行政罚款的自由裁量权。

11. 生效日期和修订

这些准则自《政府公报》中指明的日期起生效,并由委员会不时进行修订。

赞比亚罚款指南

竞争和消费者保护委员会
行政罚款指南*

Competition and Consumer Protection Commission (CCPC)
Guidelines for Administration of Fines
2010 年《竞争和消费者保护法》(第 24 号法令)
规定的行政罚款的原则和实践概要
2019 年

政策目标

行政罚款指南(CCPC Fines Guidelines,CCPC 罚款指南)的政策目标是:

a. 罚款反映违法行为的严重性。

b. 作为一种威慑措施,提供适当的补偿、促进合规计划,并提高对 2010 年《竞争和消费者保护法》(the Competition and Consumer Protection Act,以下简称该法)(第 24 号法令)的认识。

c. 确定罚款的一致性、公平性和确定性。

序言

本指南根据该法和 2011 年《竞争和消费者保护(一般)条例》[the Act

* 翻译:王健,浙江理工大学教授。

and the Competition and Consumer Protection (General) Regulation,以下简称条例](第97号法令)发布,并在不与该法和条例不一致的情况下适用。

竞争和消费者保护委员会(以下简称委员会)根据该法第84条的规定,受权发布关于有效执行该法各项规定的指南。具体而言,该法第84(1)条规定:委员会在行使本法规定的职能时,可制定为更好地执行本法规定所必需的指南。

制定本指南可以很好地说明委员会确定合适罚款金额的方式。

罚款是委员会为解决违反该法行为而采取的行政行动。本指南描述了委员会在实施行政罚款时应遵循的原则。

根据该法第86条的规定,根据该法应支付的罚款应为欠国家的债务。

本指南不能替代该法和条例,如果有必要,还可以随时修订。本指南中的任何示例仅供说明目的,不应视为详尽无遗。在适用这些指南时,将考虑每个案件的事实和情况。对其商业活动可能受到该法或本指南影响有疑问的人,不妨寻求法律咨询。

第一部分 导 言

1.1 引文

标题的简称:本指南可被称为竞争和消费者保护委员会《2019年行政罚款指南》(CCPC罚款指南),并应根据2010年《竞争和消费者保护法》(该法,第24号法令)第84(2)条的规定在其发布之日生效。

1.2 定义

定义:就本指南而言,《竞争和消费者保护法》中赋予含义的任何词语或短语在本指南中应具有相同的含义。

1.3 基础罚款金额

基础罚款金额是根据违反该法的企业的营业额计算的。该法规定了营业额的定义。在计算本指南中考虑的任何行政罚款时,应考虑的营业额将是企业最近经审计的总销售额。为免生疑问,企业最近一次经审计的总销售仅限于调查开始的上一年。如果没有调查开始上一年最近经审计的总销售额，委员会将使用调查开始的上一年度后、最近经审计的企业总销售额。①

1.4 从重和从轻因素

在评估罚款金额时，委员会将考虑任何情况下的从重和从轻因素。应考虑的从重和从轻因素概述如下：从轻和从重处罚的因素可能导致罚款金额的增加或减少。委员会在适用从轻和从重处罚因素方面将是公正、公平和前后一致的。

1.4.1 从重因素包括但不限于：

（a）企业作为违法行为的领导者或煽动者的角色；

（b）被调查当事人的组织结构图中定义的董事和高级管理人员参与或意识到违法行为，他们知道或理应合理地知道所涉行为构成反竞争行为；

（c）对包括宽大申请人在内的其他企业采取报复或其他强制措施，以确保继续进行违法行为；

（d）同一企业或其直接或间接控制的分支机构、子公司、附属机构或其他实体的重复违法行为（先前违反了该法的同一规定）；

（e）被指控的违法行为具有普遍性，即行为是否广泛存在，实施罚款是否可能产生普遍的威慑效果；

（f）被指控的违法行为人是否因妨碍或蔑视委员会而表现出抗拒行为；

（g）违法行为人从事被禁止行为的年数。

1.4.2 从轻因素包括但不限于：

（a）企业的角色，例如，企业在胁迫或压力下的行为；

（b）被指控的违法行为人以前没有受到类似行为的执法对象；

（c）被指控的违法行为人愿意接受较小的执法选择项，如作出承诺、签订同意协议；

（d）被指控的违法行为人与委员会合作提供信息和证据，使执法程序更有效和/或更快速完成的；

（e）委员会介入调查后立即停止违法行为；

---

① 例如，如果委员会在2017年对一家企业发起调查，计算罚款时考虑的最近总销售额将是2016年的总销售额，即上一年的最近总销售额。但是，如果2016年的财务账簿不可用，则使用2017年的财务账簿；如果2017年的财务账簿还是不可用，则使用2018年的财务账簿，以此类推。

(f)在同一时间/期间发生并由理事会共同审查的若干违法行为将被视为一次违法行为或一次行动。

1.5 根据该法可处行政罚款的违法行为

行政罚款是委员会有权对违反该法的个人或企业施加的金钱处罚。根据该法受到行政罚款的违法行为包括第9条、第10条、第16条、第21条、第37条、第46条、第47条、第48条、第51条、第55条、第58条以及任何其他此类规定的违法行为。这些规定了由委员会施加行政金钱处罚的可惩罚的违法行为,无须事先诉诸任何法院或仲裁机构。但是,对于该法第49(2)条、第50条和第52条或任何其他此类条款规定的违法行为,委员会可诉诸法院或仲裁机构。

1.6 关于确定行政罚款和缴付日期的程序

委员会作出对任何企业或个人处以行政罚款的命令时,该命令须以书面形式作出,并须指明违法行为、委员会确定具体的罚款金额时所考虑的因素以及最迟应缴付罚款的日期。

第二部分 确定行政罚款

2.1 该法第七部分规定的行政罚款

该法第七部分规定了刑事和民事案件。就民事案件而言,处理和施加行政罚款将取决于违法行为是否与产品安全有关。

(i)确定罚款应遵循下列步骤:

第一步

(ii)金钱罚款的起点金额将是首次违法行为人年营业额的不少于0.5%的罚款。

(iii)重复违法的金钱罚款的起点金额将是委员会收取的先前罚款。

第二步

(iv)此后,委员会将为上述第1.4.1条中列出的每个从重因素增加上述第一步确定的罚款的10%。

(v)例如,为了避免疑义,重复违法的事实是一个从重因素。为了解释这一点,第一步确定的罚款将有相当于被指控者因同一条款规定上一次罚款的 10% 的额外罚款。

第三步

(vi)此后,可以考虑上述第 1.4.2 条中列出的从轻因素来调整上述步骤二中确定的罚款百分比。

(vii)上述第三步确定的罚款不得超过法定罚款限额,即年度营业额的 10%,也不得低于年度营业额的 0.5%。

第四步

(viii)此后,上述第三步中确定的最终罚款百分比将基于企业的年度营业额进行适用。

第五步

(ix)以上 4 个步骤确定的罚款绝对值不会超过附件 1 中确定的罚款上限。如果罚款的绝对值超过罚款上限,则罚款上限将是最终的罚款金额。

该法第三部分和第四部分规定的行政罚款

2.2 限制性商业行为——合理原则案件

该法第 58 条第 3 款规定了违反该法第 8 条规定的行政罚款,并可追溯适用。上述条文规定:"委员会可就第 1 款所指的限制性协议,除行政指导之外,还可以作出行政命令,对企业处以不超过整个违法行为持续期间该企业年营业额 10% 的罚款,但最长不超过 5 年。"

2.3 滥用市场支配地位案件

滥用市场支配地位案件是一种单方行为,并根据合理原则确定其违法性。适当的行政罚款将根据以下 5 个步骤和表 1 确定。

2.4 合并——第四部分案件

对于与合并有关的案件,违法行为可根据该法第 37 条予以处罚。

(i)未经委员会批准而完成合并或委员会否决后仍然完成合并的,在考虑适当的营业额时,应考虑合并各方于合并完成前之年度营业额。

(ii)对违反作为合并批准的条件或者承诺的企业,在考虑适当的营业额时,应当考虑被合并当事人的年度营业额。

2.5 限制性商业行为——本身违法行为

该法第 9 条和第 10 条对本身违法行为作出了规定。一般来说,对这些案件的罚款将高于对合理原则案件的罚款。

2.6 卡特尔行为——第 9 条

(i)卡特尔行为是本身违法行为,而且一般认为属于极其恶劣的竞争案件。

(ii)被调查的年份可以追溯到委员会认为合适的时候。

(iii)接受调查的年份不限于最近 5 年。

(iv)就罚款而言,这一期间将限于连续 5 年。违法行为超过 5 年的,仅限于处 5 年以下的行政罚款。

2.7 转售价格维持行为——第 10 条

转售价格维持行为是本身违法行为。

在根据该法第三部分和第四部分规定确定罚款时,将遵循以下步骤:

第一步:

该部分每一项基础罚款金额与该法第七部分规定的违法行为的基础罚款金额是不同的。不同竞争案件中的违法行为的基础罚款金额如下:

表 1

违法行为	基础罚款金额
合理原则案件	
限制性商业协议(该法第 8 条)	2%
滥用市场支配地位行为(该法第 16 条)	3%
合并[该法第 37(a)条]	1%,罚款上限为 1,000,000 收费单位
合并[该法第 37(b)条和第 37(c)条]	3%
本身违法案件	
卡特尔(该法第 9 条)	7%
转售价格维持(该法第 10 条)	7%

第二步:

在这一步中,将根据本指南第 1.4.1 条和第 1.4.2 条中的从重和从轻因素,调整上述第一步中确定的基础罚款金额。

第三步:法定罚款最高限额

委员会将确保上述第二步确定的罚款不超过年营业额 10% 的法定要求。在这方面,如果上述步骤计算出的百分比超过 10%,委员会将处以违法企业年营业额 10% 的最高罚款。

第三步是与滥用支配地位和合并有关的违法行为的最后一步,在这一步中确定的罚款将与企业最近的营业额相乘。

第四步:宽大适用/考虑的调整

如文件规定适用宽大处理程序,则将调整第三步确定的罚款,以考虑宽大处理申请。这意味着,如果申请人有资格获得卡特尔的部分豁免,则上述步骤计算出的罚款可能会进一步减少。

根据上述步骤确定的罚款不会超过 10%,但可能低于罚款起点金额,具体取决于个案的从重和从轻因素。

此外,就与该法第 8 条、第 9 条及第 10 条有关的违法行为而言,下一步将是第五步。

第五步:进一步考虑违反第 8 条、第 9 条和第 10 条违法行为的持续时间

对于违反第 8 条、第 9 条和第 10 条的行为而言,罚款将不局限于违法期间中的一年,特别包括最长不超过 5 年的违法期间。

在计算适当的罚款金额时,每违反一年,将对被调查的企业基于相应年份的营业额处以适当的罚款。表 2 说明了行政罚款的适用情况。

表 2　罚款的适用

第一年营业额(Yr1)	第二年营业额(Yr2)	第三年营业额(Yr3)	第四年营业额(Yr4)	第五年营业额(Yr5)
P%	*P*%	*P*%	*P*%	*P*%

同样也可以表示如下,适用罚款“总罚款 = *P*% × (Yr1 + Yr2 + Yr3 + Yr4 + Yr5)”

此处:

P% 是应用上述步骤确定罚款的百分比。Yr1、Yr2、Yr3、Yr4 和 Yr5 是

违法行为实施年份的年营业额。

百分比(*P*%)将应用于考虑年份的营业额,最多不超过5年。为免生疑问,委员会为处以行政罚款而考虑的年数,将为调查所涵盖的年数。

如果违法行为持续期间超过该法规定的5年期限,如10年,则适用的罚款仅适用于这10年中的5年。违法行为持续的时间要长得多,这一事实将被用作罚款的从重因素加以考虑。

附件1

表3　确定该法第七部分规定的违法行为的罚款

违法行为	罚款起点金额	最高罚款
不公平贸易行为 虚假或误导性陈述	营业额的0.5%	3333.33的营业额;最高可达166,666.67罚款
价格显示		33,333.33的营业额;166,666.67以上罚款,最高可达833,333.33罚款
提供有缺陷和不合适的商品和服务(第49条,但第49条第2款除外)		133,333.33的营业额;833,333.33以上罚款,最高可达1,666,666.67罚款 233,333.33的营业额;1,666,666.67以上罚款,最高5,000,000罚款 500,000的营业额;5,000,000以上罚款,最高可达10,000,000 666,666.67的营业额;10,000,000以上罚款,最高可达16,666,666.7罚款 1,666,66.67的营业额;16,666,666.7以上的罚款
免责声明	营业额的0.5%	100,000

塞舌尔罚款指南

塞舌尔公平交易委员会关于罚款和救济的指南*

The Fair Trading Commission of Seychelles Penalties and Remedies

说明：本指南不能代替《公平竞争法》或任何条例，而应与相关法律法规一并阅读适用。指南中使用的示例是为了举例说明，并不限制委员会的调查和执法活动。对于商业活动可能受到本法影响存有疑问的人，可寻求法律咨询。委员会可不定期审查并发布指南的修订版。

1. 引言

1.1 《2009年公平竞争法》(the Fair Competition Act 2009)授权公平交易委员会发布指令，并对违反该法第3部分(第1~5子部分)的企业处以罚款的权力。

1.2 本文件规定了公平交易委员会(the Fair Trading Commission, FTC)根据《2009年公平竞争法》第41条至第46条的要求制定救济措施及设定罚款的方法。

1.3 该法授权FTC对其调查中发现的竞争问题进行补救，并在某些情

* 翻译：方翔，上海交通大学经济法专业博士生；校对：王健，浙江理工大学教授。

况下对违反该法的企业处以罚款。救济措施是为纠正现有或预期发生的竞争机制失灵问题而采取的措施。罚款是对已发生的反竞争行为予以惩罚。本文件规定了 FTC 在采取上述两种措施时将遵循的原则。

1.4 法律背景

根据《2009 公平竞争法》第 46 条第(2)款规定:"如果委员会对一个企业处以罚款,则罚款不得超过该企业违法期间塞舌尔营业额的 10%,违法持续时间最长不得超过 5 年。"

1.5 政策目标

在处以任何罚款时,FTC 有以下两项目标:

- 反映违法行为的严重程度;
- 威慑企业从事反竞争行为。

罚款的适用是酌定的。FTC 将在适当的情况下给予严厉的经济处罚,特别是对于卡特尔行为,如固定价格、市场划分、操纵投标(串通投标)、限制或控制生产或投资安排,以及严重滥用支配地位,这些行为都是最严重的违反竞争法的行为。这不仅是为了威慑违法企业本身,也是为了威慑类似的企业。

1.6 对各种类型的违法行为进行适当罚款的评估,取决于个案的具体情况。

1.7 营业年度:是指企业公布会计账簿的 6 个月以上的期间;如果该期间没有公布会计账簿,则指企业编制会计账簿的期间。

1.8 营业额:指该企业在 FTC 作出处罚决定之日上一个营业年度的营业额,或者,如果该营业年度没有对应的营业额,则为其上一个营业年度的营业额。

2. 确定罚款金额

2.1 FTC 根据《2009 年公平竞争法》第 46 条作出罚款决定时应当考虑以下因素:

- 违法行为的严重性;
- 企业在塞舌尔受违法行为影响的相关产品和相关地域市场的上一营业年度营业额;
- 违法行为的持续时间;

- 其他相关因素；
- 进一步从重或从轻罚款的因素。

2.2 罚款金额将特别取决于违法行为本身的性质以及违法的严重程度和影响范围。

2.3 在评估违法行为的严重性时，FTC 将考虑若干因素，包括产品的性质、市场的结构和情况、违法行为所涉企业所占的市场份额、进入条件以及对竞争者和第三方的影响。违法行为对市场直接或间接造成的影响或产生的效果也是重要的考虑因素。

2.4 在评估违法行为对市场的直接或间接影响和效果时，除其他因素外，FTC 也会考虑企业在塞舌尔的上一营业年度营业额。对此，该营业年度是指 FTC 作出处罚决定之日的上一个年度，如若没有该营业年度的数据，则是指紧接着该营业年度之前的上一个年度。

2.5 如果企业是一组公司，FTC 通常会将在受违法行为影响的市场中积极参与违法行为的公司的营业额视为相关营业额。

2.6 罚款金额也取决于违法行为的持续时间。[①]

2.7 $\sum n$ = 违法行为持续时间 × 营业额 × 百分比

2.8 违法行为持续时间

罚款金额也将取决于违法行为的持续时间。对于超过半年的违法行为，在计算违法行为持续期间时，可以按一年计算。

2.9 其他相关因素

为实现本指南第 1.5 条的政策目标，罚款数额可根据具体情况酌情作出调整，尤其是为了威慑企业不得参与限制竞争的行为。其他考虑因素包括但不限于：违法企业因违法行为产生或可能产生的经济或财务利益的客观估计，以及案件的其他特征，包括企业规模和财务状况。在相关情况下，可以考虑企业在其他产品或地域市场以及正在考虑的相关市场中可能获得的任何收益。

2.10 从重和从轻因素

在评估罚款金额时，FTC 也将考虑一些从重或从轻因素。

---

① 请注意，该违法行为只能被视为自《公平竞争法》生效之日（2010 年 4 月 5 日）或之后发生的。

2.11 从重因素包括：

- 企业在违法行为中充当领导者或煽动者；
- 董事或高级管理人员的参与；
- 为确保违法行为的继续而对其他企业采取报复或其他胁迫措施；
- 调查开始后仍继续实施违法行为；
- 同一企业或同一集团中的其他企业的重复违法行为；
- 故意而非过失实施的违法行为；
- 企业对宽恕制度申请人进行打击报复或商业报复的。

2.12 从轻因素包括：

- 企业的角色，如企业是在严重胁迫或者压力下行事的；
- 企业在认识该协议或该行为是否构成违法具有真实的不确定性；
- 为确保遵守《2009 年公平竞争法》而采取了充分的合规措施；
- 在 FTC 介入时立即停止违法行为；
- 使执法程序更有效的和(或)更迅速完成而进行的合作。

3. 罚款程序

FTC 对企业处以罚款时，其罚款决定应根据《公平竞争法》第 46 条第(3)款、第(4)款、第(5)款的规定作出。

4. 救济

4.1 采用竞争法救济措施的主要目的是恢复市场竞争。[①] 这不仅包括终止违法行为、赔偿受害者、解决特定竞争问题的"微观"目标，也包括实现建立激励机制的"宏观目标"，以尽量减少这种反竞争行为的再次发生。

4.2 救济措施一般寻求恢复"原告的合法地位，即恢复到如果被告从未进行违法行为，原告本应处于的地位"，或者"恢复被告的应有状态，即如果被告未从事违法行为所应处的状态"。[②] 换言之，救济措施是对被告所犯

---

① See Melamed, AD, "Afterword: The Purposes of Antitrust Remedies" (2009) 76 *Antitrust Law Journal* 359.

② Douglas Laycock, Modern American Remedies: Cases and Materials (Little, Brown, 1994), at 2.

“错误”的补救,其“侵犯了法律认可的原告的权利”①或侵犯了立法者旨在保护的主体的权利。被告的过错致使原告(或被保护方)产生可强制执行的权利,亦即赋予被告停止违法行为、赔偿损失、返还财产、作出特定行为的相关义务。

有效性

4.3 FTC 将评估救济措施的有效性,这将涉及几个不同的方面:

● FTC 认为,竞争是企业之间为获得客户业务而长期开展的动态过程。通过重建市场结构的救济措施恢复这种竞争过程,应该能够从源头解决不利影响。这种救济措施通常比试图规范相关主体的持续行为的措施(所谓的行为救济措施,如价格上限、承诺供应或限制使用长期合同)更可取,因为这些不太可能像结构性救济那样能够综合解决竞争显著减弱问题和其负面影响,并且与竞争的市场结果相比,可能会导致竞争扭曲。

● 适当的持续时间和时机。救济措施需要在预期期间内有效地解决竞争显著减少的问题。能够迅速解决竞争问题的救济措施比预计仅能产生长期影响或产生影响的时间不确定的救济措施更可取。

● 实用性。切实可行的救济措施应该能够有效地实施、监督和执行。为了实现这一点,需要明确救济措施的操作方式和含义。如果需要详细和深入的监督与合规方案,任何救济措施的实用性便可能降低。规范持续行为的救济措施,通常会因其需要持续的监督与合规行动而存在缺点。

● 可接受的风险情况。某种程度上,任何救济措施的效果总是不确定的。在评估救济措施的有效性时,FTC 将寻求对实现其预期效果具有高度确定性的救济措施。

4.4 如果市场反馈认为以往的救济措施没有完全解决反竞争问题或者市场出现了不可预见的情况,FTC 有权修正该救济措施。

比例原则

4.5 FTC 将确保所设计和选择的救济措施的范围与形式,不超出实现竞争法目标的需要。因此,FTC 将考虑它实施的任何救济措施的成本与其预期从该救济措施将产生的利益是否成比例。追求比例性有助于确保救济

---

① Michael Tilbury, Michael Noone & Bruce Kercher, Remedies: Commentary and Materials (3d ed., LBC Information Services, 2000), at 1.

措施适合所涉行为,避免过于武断,从而提高可预测性。

4.6 FTC并不需要或被期待对其救济措施进行全面的"成本效益"分析,也不认为自己有义务对其救济措施的成本或收益进行任何数学估算。竞争的益处很难量化,而成本通常更清晰。

抵消效益的考量

4.7 在对任何特定案件作出决定时,根据《2009年公平竞争法》第41条和第42条,FTC将考虑《2009年公平竞争法》第40条第(2)款所列出的任一抵消效益情况在多大程度上在本案中体现。

4.8 第40条第(1)款、第(2)款中列出的这些抵消效益实质上提供了"效率抗辩"。[①]

4.9 在评估抵消效益时,FTC将考虑拟作出的救济措施是否会抵消或者削弱该效益。FTC的目标是理想地救济其发现的反竞争影响,同时保留抵消效益。

程序概要

4.10 在设计救济措施时,FTC的目标是让市场运行优于没有救济措施的情况。具体而言,FTC可以作出指示,以消除对竞争的限制或者加强(或防止恶化)市场的竞争机制。采取的救济措施必须既能解决市场中的短期反竞争情况,又有助于竞争机制的长期健康问题。

4.11 FTC将在最终报告中公布关于竞争投诉和救济措施的最终决定及其理由、相关信息等。该报告应对救济措施的性质和范围做出充分详细的说明,为后续FTC实施救济措施提供坚实的基础。此外,FTC将对外公布并更新与实施救济措施有关的时间表。FTC采取的救济措施应当与最终报告中的决定一致,除非自报告制定以来情况发生重大变化,或者FTC有特殊理由需要采取不同的行动。

5. 救济措施的选择

5.1 本节概述了各种类型的救济措施及其特点。在大多数情况下,FTC并不会仅采取单一的救济措施,而是会同时采取多种。FTC采取的救

---

① 这是竞争政策中的一个标准术语,基本上意味着被认为是反竞争的行为是有益的,因为它的积极影响大于竞争减少的消极影响。

济措施可以分为三类：

1. 倡导

5.2　这是 FTC 用来纠正市场上反竞争行为最温和的方法。如果 FTC 经过调查得出结论，认为政府的某些政策或者管制措施助长了所发现的竞争问题，FTC 将建议删除或者修改上述政策或者管制措施。由于只有政府才能评估其政策的效果而非竞争影响，因此是否进行删除或修改仍将由政府决定。

2. 行为救济

5.3　行为救济措施是要求企业实施一定行为或者禁止企业进行一定行为的救济措施，其更容易进行定制化适用，以适应个别被告和市场环境。整体而言，行为救济措施的争议通常比资产剥离少，应用频率更高。然而，行为救济措施并不能直接针对集中度和市场力量。其往往还需要法院和行政机关的持续，有时是广泛的监督和干预。此外，与其他措施相比，行为救济措施更容易受到被告的战略中立化、最小化或规避的影响。

5.4　在并购审查中，FTC 通常只使用行为救济作为主要的救济措施，如当结构性救济措施不可行、显著减少竞争的时间预计较短或者通过采取行为措施能够保持大量的采用结构措施时可以维护的消费者利益。然而，FTC 也可以将行为措施作为结构性措施的辅助手段。

5.5　由于行为救济措施旨在确保在措施生效期间能够持续影响经营行为，因此，这些措施的持续时间是一个重要的考量。对于为实现过渡效果而设计的措施，FTC 可以规定一段有限的期限。FTC 也可以在“日落条款”中规定一个较长的截止日期，超过该期限后，相应措施将彻底不再适用。截止日期的长短视案件的具体情况而定，一般不会超过 10 年。

5.6　为了使行为救济措施产生预期效果，必须要配套有效的、有足够资源的监督和执行机制来进行监管和执行，这样才能实现有力的威慑，即能够发现违反措施的行为，并在必要时采取强制执行行动。

3. 资产结构性剥离

5.7　结构性救济措施要求企业必须与其持有的资产相分离。结构性救济能够实现在迅速消除市场力量的同时创造或激励竞争对手的效果。与其他救济措施相比，结构性救济措施对法院和机构监督的需求也更小。其通常是为了恢复或维护市场竞争结构而采取的一次性措施。

5.8 剥离的目的是通过将并购方的业务或者资产处置给如新的市场参与者来创造新的竞争优势，或通过将业务或者资产处置给独立于并购各方的现有市场参与者从而对现有竞争来源进行强化的方式，从而解决竞争显著减少问题。

5.9 剥离可能面临各种风险，这些风险可能会限制剥离措施在解决竞争显著减少问题上的有效性。对可能损害其有效性的三大类风险进行区分是有帮助的，具体如下：

(a)组合风险——剥离的范围可能受到过大的限制，或者因配置不当而无法吸引合适的买方，或者无法使卖方作为市场上有效竞争者等风险。

(b)买方风险——可能存在因缺乏合适的买方而导致的风险。

(c)资产风险——在剥离结束之前，被剥离业务竞争能力恶化的风险，如失去客户和关键员工等。

5.10 任何时候，FTC 都应在考虑竞争过程和消费者福利后，谨慎决定是否将剥离作为救济措施并向专员委员会提议。剥离通常不需要在其实施后进行细节性的监督，但在某些情况下，有效的剥离可能需要在特定时期内采取补充行为措施（如确保并购方对被剥离业务提供必要的投入或服务）。

参考资料

http://www.oft.gov.uk/OFTwork/competition-act-and-cartels/

http://www.competitionbureau.gc.ca/eic/site/cb-bc.nsf/eng/home

http://www.gov.mu/portal/sites/ccm/index.htm

http://www.cci.gov.in/

http://www.ccs.gov.sg/content/ccs/en.html

http://ec.europa.eu/competition/index_en.html

http://www.accc.gov.au/content/index.phtml/itemId/142

毛里求斯罚款指南

毛里求斯竞争委员会关于救济和罚款的指南*

Guidelines

CC 6 – Remedies and Penalties

(2009 年 11 月)

1. 引言

1.1　本文件规定了竞争委员会采取救济措施和设定罚款的方法，其源于《2007 年竞争法》(the Competition Act 2007)第 38 条的有关规定，包括要求竞争委员会应在成立后的 6 个月内发布：

"确定该法规定的罚款或救济措施时应采取的原则，以及为第 59 条的目的而计算营业额的方式。"

1.2　该法赋予竞争委员会独立的权力，以纠正其在调查中发现的竞争问题，并在某些情况下对违反该法的企业处以罚款。救济措施是为纠正现有或预期的竞争违法而采取的行动。罚款措施则是用来惩罚已发生的反竞争行为。本文件规定了竞争委员会采取这两种不同形式的措施时应当遵循的原则。

1.3　该法规定了 4 类限制性行为，第三部分的第 1 条至第 4 条对此进

---

* 翻译：方翔，上海交通大学经济法专业博士生；校对：王健，浙江理工大学教授。

行了介绍。第1部分(第41条至第43条)所述的“共谋协议”(collusive agreements)与其他限制性行为之间存在明显的区别。共谋协议可能会受到处罚,其他限制性行为可能只会被纠正。

1.4 禁止包括卡特尔、操纵投标和维持转售价格在内的共谋协议,并且任何经竞争委员会认定违法的协议均无效。该法第58条规定竞争委员会应作出指示以确保该条得以履行,第59条授予竞争委员会处以罚款的权力。此类罚款措施仅针对故意或过失违反该法第41条至第43条规定的共谋协议行为。

1.5 相反,(a)非共谋协议、(b)垄断条款或(c)并购产生的限制性行为不会受到惩罚。该法案中与之对应的方法是让竞争委员会采取行动来纠正这种情况,以阻止垄断行为发生,或消除垄断行为已有的影响。竞争委员会拥有独立行使一系列不同救济措施的强大权力,这些救济措施已在该法第60条和第61条中阐明。

1.6 本指南不能替代法律和相关规定。本指南可能会根据需要予以修订。指南中的示例仅用于说明目的,不应视为详尽列举。同样,示例也并非对竞争委员会的调查和执行权力进行限制。在适用指南时,应当考虑个案的事实和实际情况。若想了解该法将对自己及商业活动产生何种影响,可以寻求法律咨询。

2. 经济处罚

2.1 根据《2007年竞争法》规定,唯一可能会导致经济处罚的限制性行为是共谋协议,包括固定价格协议、操纵投标、市场分割或维持转售价格。该法规定,只有在确定企业故意或过失地违反第41条、第42条和第43条的情况下,竞争委员会才可以处以罚款。

政策目标

2.2 在施加任何罚款时,竞争委员会必须基于两项目标:

(a)反映违法行为的严重性;

(b)威慑企业从事反竞争活动。

2.3 罚款措施是酌情决定的。竞争委员会应当酌情对共谋的横向协议(第41条)、操纵投标(第42条)以及涉及维持转售价格的纵向协议(第

43 条)处以罚款,因为这些行为的违法性最严重。这不仅是为了威慑违法企业本身,还对潜在违反该法第 41 条、第 42 条和第 43 条规定的企业产生威慑。

2.4　应当基于个案情况来评估对各项违法行为施加适当的罚款。

2.5　请注意,对于那些主动报告涉及第 41 条至第 43 条规定的违法行为的企业,委员会的宽大处理政策可以令罚款大幅减少或完全免除。详细信息在 CC3 的第 5 章“共谋协议”中进行了说明。

确定罚款数额

2.6　竞争委员会根据该法第 59 条计算罚款数额时应当考虑以下因素:

(a)企业在毛里求斯上一个营业年度或财政年度营业额乘以违法行为持续时间;

(b)根据其他相关因素进行调整,如威慑价值以及任何进一步的从重或从轻因素;

(c)最高罚款金额可以达到企业在毛里求斯上一个营业年度或财政年度营业额的 10% 乘以违法行为持续时间。

营业额乘违法行为持续时间的计算

2.7　该法规定,本指南应当设定营业额的计算方式,以便对毛里求斯的企业处以罚款。

2.8　在评估违法行为对市场的影响和作用时,无论是直接影响还是间接影响,竞争委员会都会首先考虑企业在毛里求斯上一个营业年度的净营业额(商品和服务的销售价值)。该营业年度为竞争委员会作出处罚决定之日前的一个年度,如果该年度数据不可用,则为其前一年度。

2.9　如果企业是一组公司(集团公司),竞争委员会通常将积极参与违法行为的公司在受违法行为影响的市场中的营业额作为计算罚款的相关营业额。

2.10　罚款的金额还取决于违法行为的持续时间。①

其他相关因素

2.11　委员会可酌情根据下列因素,依据个案情形确定罚款金额:

---

①　请注意,仅在该法第三部分生效之日或之后(目前预计为 2009 年 12 月),才可以认为该违法行为已经发生。

就其对竞争和消费者的影响而言,违法行为的严重性

2.12 一般而言,竞争委员会将违反该法第41条和第42条的行为视为严重违法行为。共谋企业的涨价行为给消费者带来的损害越大,竞争委员会罚款的金额越高,最高可达该法规定的最高限额。

罚款的威慑作用

2.13 该法明确禁止合谋协议,并引入了惩罚制度,确立了以下原则:合谋协议不再被视为一种经营方式。罚款不应仅被视为正常成本和开展业务的风险的一部分。因此,委员会通常会将罚款金额设定为远高于对消费者的损害或共谋协议当事方所取得的超额利润的估值。

其他从重或从轻罚款的因素

2.14 在评估应判处的罚款数额时,竞争委员会应当考虑所有从重或从轻罚款的因素。

2.15 从重因素包括:

(a)企业是违法行为的主谋或发起者;

(b)董事和高级管理人员参与或知情;

(c)为确保继续违法行为,对其他企业采取报复或其他胁迫性措施;

(d)同一企业或同一集团中的其他企业多次违法;

(e)故意而非过失的违法行为;

(f)对宽大处理的申请人采取报复措施或商业报复。①

2.16 从轻因素包括:

(a)企业的角色,例如,企业是胁迫或迫于压力而参与其中;

(b)企业对于协议或行为是否构成违法具有真正不确定性;

(c)为确保遵守该法第41条、第42条和第43条而采取了适当措施,如有效的合规计划;

(d)竞争委员会介入后立即终止违法行为;

(e)配合执法程序更有效和/或快速地完成。

最高罚款

2.17 罚款金额不得超过企业每年在毛里求斯营业额的10%,最长不

---

① 参见竞争委员会关于宽大处理的准则,CC3,第五章,共谋协议。

得超过 5 年。

2.18　企业协会(如行业协会)违反该法第 41 条、第 42 条和第 43 条,可能导致对协会本身、其成员或两者均处以罚款。如果企业协会的行为与其成员企业的活动有关,则罚款不得超过协会成员企业(每个积极参与违法行为的企业)营业额之和的 10% ,最多 5 年。

罚款程序及期限

2.19　当竞争委员会对企业处以罚款时,应当以书面形式下达,并应注明缴纳罚款的期限。

2.20　处以罚款的决定中规定的日期不得早于该法规定的可向竞争委员会的处罚决定提出上诉的期限届满日。

3. 竞争委员会确定适当救济措施的方法

3.1　该法第 60 条和第 61 条分别涉及“关于扭曲、阻碍或限制竞争的指示”(关于第 44 条、第 45 条和第 46 条下的限制性行为)和“并购控制中的救济措施”(关于第 47 条和第 48 条所述的并购行为)。这两节的指示将统称为“救济措施”。

3.2　必须将这种救济措施与根据该法第 59 条适用的罚款进行区分。罚款仅适用于故意或过失违反共谋协议禁令的行为。其惩罚过去的行为,以威慑今后的此类违法行为。相比之下,救济措施不被视为惩罚。在实行救济措施时,竞争委员会旨在保障市场未来更好的发展。特别是,竞争委员会可作出指示,取消对竞争的限制或以其他方式增强(或防止恶化)市场的竞争。如果有效,此类救济措施应当解决问题的根本。然而,该法第 60 条和第 61 条规定竞争委员会也可以纠正不利影响,解决问题的症状及诱因。

3.3　本节规定了竞争委员会应当如何选择一种或多种救济措施来实现这些目标。在选择一种或多种救济措施时,竞争委员会应当考虑:

(a)有效性;

(b)及时性;

(c)执行费用与救济办法预期收益的相称性。

3.4　选择救济措施的理由应当在竞争委员会的公开报告中阐明。在此之前,通常会设计一个与申请救济的当事方互动程序,并酌情引入其他利害关系方。参与救济措施的设计通常符合各方利益，如作出承诺来满足竞争委员会的关切。如果竞争委员会必须在没有此类意见交换的情况下制定救济办法，这种程序可能会使救济措施的针对性更好，负担更小。

有效性

3.5　在查明企业违反了该法第 44 条至第 46 条规定，或得出结论认为并购可能导致竞争大幅度减少之后，竞争委员会应当寻求有效、全面的解决方案。“有效性”应当基于救济措施对相关市场竞争状态可能产生的影响，以及竞争疲软所产生的不利影响进行判断。

3.6　正如发表的报告所指出的那样，救济措施的唯一目的是消除或减轻竞争委员会在其调查中确定的垄断影响。竞争委员会将不会寻求更广泛的“救济措施”以促进其报告所确定领域之外的其他领域的竞争。

3.7　这并不意味着根据该法第 44 条至第 46 条提出的救济措施始终限于或侧重于已确定的反竞争协议或行为。承诺停止有关行为可能不如替代措施有效，替代措施能够更好地处理竞争委员会确定的竞争问题。

3.8　对于并购问题，竞争委员会并不会寄希望于通过救济措施来创建一个比并购前更具有竞争力的市场。因此，预期的并购行为停止始终被视为解决并购问题的有效且全面的办法，也是一种充分的救济措施（尽管在所有情况下均采取完全禁止的救济措施并非必要）。如果企业准备完全放弃预期的并购，竞争委员会将不会采取进一步的救济措施。这通常也适用于已完成并购的完全剥离（撤销），尽管在这种情况下，竞争委员会可能需要采取额外救济措施，解决被收购资产在收购方控制期间因其行动而减少的竞争威胁，以恢复并购前的竞争状态。

3.9　在寻求有效和全面的解决方案时，竞争委员会通常更倾向于选择能增强或保护竞争过程的救济措施，而非试图解决竞争无效带来的不利影响。这是因为，独立企业之间的竞争通常是消费者和整体经济高效运转的最佳保障。间接解决不良竞争的救济措施，如通过约束限制竞争的企业利用该地位的能力，就不可能像加强这些竞争限制那样有效。因此，在审议救济办法时，竞争委员会应当首先寻求一种救济办法，通过加强竞争来解决问题，而仅在下列情况中考虑其他救济办法：

（a）无法采取救济办法来加强竞争；

(b)实施救济办法以加强竞争的成本与它们应当产生的效益不成比例；

(c)当竞争被预期会随着时间推移而恢复时，仅作为一项临时措施(可能是由于竞争委员会通过的“一揽子”计划中其他救济办法所致)。

3.10　这不一定意味着结构性救济措施(资产剥离或禁止并购)总是优先于其他救济措施。例如，通过指导或企业承诺强制改变垄断者行为，可能会消除潜在竞争对手进入或扩大市场的障碍，从而促进竞争。对于并购，如果由于相关市场的结构性变化而使竞争大幅度减少，竞争委员会应始终将结构性解决办法视为一种可能采取的救济办法。

3.11　竞争委员会仅在其决定界定的相关市场中采取救济措施。在大多数情况下，垄断行为和该行为的影响产生于同一相关市场。但是，在某些情况下，一个相关市场的行为可能对另一个相关市场产生负面影响(例如，一种产品的垄断者利用其市场力量将其与本来应当面临竞争的另一种产品捆绑在一起)。在这种情况下，竞争委员会可以在一个或两个相关市场采取救济措施，解决垄断行为的成因和/或影响。

3.12　因此，救济措施必须针对查明的问题。竞争委员会不能接受企业提出的在一个相关市场(为了消费者的利益)采取某种行动，以抵消在另一个相关市场的竞争损失的提议。

3.13　如上所述，如果竞争委员会预期竞争会随着时间的推移而恢复(无论是由于先前趋势和预期发展，还是出于“一揽子”计划的考量)，则应当采用一种临时救济办法以减轻垄断行为或并购行为的影响。例如，在纵向并购之后，可能禁止捆绑和搭售，直至企业具有市场支配力量的市场形成足够竞争。

时效性

3.14　在其他条件相同的情况下，竞争委员会应当迅速采取救济措施以解决已经发现的问题，而非延迟采取救济措施。但是，如果最有效的救济办法需要长期时间以见效，那么救济办法的及时性和有效性就可能发生冲突。特别是，通过鼓励进入市场以增加市场竞争程度的救济措施，在纠正竞争失灵方面可能相当缓慢。在这种情况下，竞争委员会可能需要平衡有效性和及时性，委员会可能采用“一揽子”救济措施，既提供短期改进，又提供更全面的长期解决措施。

3.15 如果竞争委员会认为问题是暂时的，则竞争委员会通常不会采取救济措施（无论是由于自然趋势或解决问题的市场进程，还是考虑是否需要额外救济措施以补充竞争委员会实施的缓慢救济措施）。竞争委员会认为，采用“暂时”的固定定义是不合适的。通常，如果竞争委员会期望在两年内通过市场进入或其他竞争发展方案来解决竞争问题，便不会寻求进一步的救济措施，一般也不会对预期持续不到一年的问题采取救济措施。但是，在竞争损害或对消费者或经济的危害被认为是非常巨大时，即使是非常短期的问题，也应当采取救济措施。此外，如果竞争委员会认为竞争性发展很有可能但不确定，那么如果竞争性发展没有成为现实，竞争委员会可以采用一种积极的或可以启动的替代办法作为补救措施。

比例性

3.16 如果这些救济措施的成本与其预期产生的效益不成比例，那么采取救济措施是不明智的。因此，竞争委员会应当考虑其采取的救济措施的成本与期望从中获得的效益的相称性。

3.17 竞争委员会并非一定选择成本最低的救济措施。竞争委员会重点关注的是不同救济措施的有效性（和及时性），即使成本较高，通常也会倾向于更有效的，而不是效率较低的救济措施。如果竞争委员会基于效率和及时性选择的救济措施，其成本与其效用不成比例，那么委员会也不会强行施加这种救济措施，而是会考虑其他替代措施。如果没有发现其他成本与效益相称的替代措施，那么竞争委员会将不采取任何救济措施。

3.18 “比例”并非简单地比较两个数字的大小。竞争委员会并不期望对救济措施进行全面的“成本效益”分析，也不认为自己有义务对救济措施的成本或效益设定任何数值。竞争的效益可能是分散的，难以量化，而成本通常更清晰。

3.19 现金成本并不是干预的唯一“成本”。效益必须证明干预本身是正当的。竞争委员会不会干预财产权（如在垄断案件中要求剥离资产），除非它期望从中获得重大利益，即使剥离资产的现金成本预计相对较低。

3.20 本节中的任何内容，均不要求竞争委员会“证明”或证实竞争干预的效益在任何数字意义上都将超过成本。相反，竞争委员会将考虑（并欢迎提出）一些成本与收益不成比例的救济措施，不管是因为费用异常高昂，还是救济措施的效益特别低下。

3.21 成本评估旨在进行全面的评估，竞争委员会可以考虑此处未讨论的其他成本来源。但是，竞争委员会将不考虑两种特定的成本类别。

3.22 第一，由于拥有垄断权而导致的任何利润或其他损失，竞争委员会将不认为其构成成本。例如，如果竞争委员会的干预导致消费者享受更低的价格，则将其认为是一种效益，而不是成本。这种垄断利润的损失可能是间接发生的。例如，当需要剥离资产以创建一个更具竞争力的市场时，通常会出现资产的市场价值低于其在垄断所有权下具有的市场价值，因为该价值由于预期的垄断利润的涌进而发生了膨胀。

3.23 第二，竞争委员会在评估比例性时不会考虑撤销已完成并购的额外费用。这是因为计划并购的企业可以选择事先通过交易批准，因此，如果在未经竞争委员会批准的情况下完成并购，则后果自负。因此，竞争委员会在评估已完成的企业并购时不考虑剥离成本：就救济措施而言，视为并购尚未进行，在评估预期并购和已完成并购时保持中立。

抵消效益

3.24 该法第50条要求竞争委员会确定在采取救济行动时是否考虑抵消效益。第50条第(4)款所列的抵消效益实质上是为了提供“效率抗辩”。[①] 如果竞争委员会确实发现有重大的抵消效益，可能会导致其修改救济方案，否则可能丧失效益。更罕见的是，这种情况甚至可能扩大到在行动使效益失效的情况下竞争委员会将完全不采取救济措施。例如，如果并购产生规模经济，使消费者在竞争减少的情况下生活得更好，则可以允许并购。

3.25 在竞争委员会考虑采取救济措施的阶段，并且只在作出限制措施的决定后，才会产生“效率”及其他争议。因此，效率争议在竞争委员会决定是否存在限制性行为时不能起到任何作用。

3.26 在评估抵消效益时，竞争委员会将考察其提议的救济措施是否会抵消或削弱抵消效益。竞争委员会的目标是理想地救济其发现的垄断影响，同时保留抵消效益（作为上述总体比例评估的一部分）。

---

① 这是竞争政策中的标准术语，从本质上讲，垄断行为是有益的，因为它的积极影响大于减少竞争的不利影响。各司法辖区对此类效益的评估方法有很大差异，例如，是否将任何成本转嫁到消费者作为必要条件，各个司法辖区做法不同。

3.27 当竞争委员会考虑是否存在抵消效益时，将采用以下标准：

(a)抵消效益仅限于该法第50条第(4)款所指明的类别。

(b)在考察效率争议时，竞争委员会的主要标准通常是消费者是否能够享受更多优惠。因此，如果由于限制性行为或并购而使成本降低，则预计其必然将一定的成本转嫁给消费者。[①]

(c)抵消效益必须针对限制性行为或并购，且在没有这种做法的情况下将无法获得。竞争委员会可能要求当事各方解释为什么不损害竞争的合同或其他安排不能产生同样的有益效果。

(d)抵消效益必须是及时的，并且在可预见的将来有理由相信确定会出现。

(e)抵消效益必须是限制性行为或正在调查中的并购行为产生的自然结果。各方均不提供无关的抵消效益来补偿垄断的影响。

4. 救济措施的类型

4.1 竞争主管机构采取的救济措施往往分为结构性救济措施，例如资产剥离，旨在通过改变市场结构来恢复或加强竞争，以及行为性救济措施，旨在改变企业的行为(通过命令或合同承诺)。通常而言，一旦结构发生变化，结构性救济就不需要监督，而行为性救济措施通常要求竞争委员会或指定委托人监督企业的遵守情况。竞争委员会也可以向政府提出不具约束力的建议。

结构性救济措施

阻止并购

4.2 如果预期并购会导致竞争显著减少(Significant Lessenins of Competition, SLC)，并且没有更有效的救济措施，则竞争委员会通报和调查预期的并购可能会被阻止。

4.3 如果仅在某些市场中预期会有SLC，则竞争委员会可能只是阻止部分交易，从而允许完成并购，但目标企业的某些部分仍保持独立。或者，可以允许完整完成并购，但并购后的企业将被要求出售部分企业(在指定期

---

① 由于限制竞争通常会导致价格上涨，并且降低将减少消费者负担成本的压力，因此既需要特定理由来说明成本可以持续节省，也需要节省相对较大的成本来抵消反竞争影响。

间内)。在这两种情况下,竞争委员会将遵循同样的原则,确定必须从并购后的企业中剥离的资产包,具体如下文“资产剥离”所述,特别是在新所有权下需要这些资产是可行的。

剥离

4.4　资产剥离可以代表一种非常有效的手段,以创造比原来更具竞争力的市场结构。但是,作为适用于垄断或其他情况的救济措施,竞争委员会承认,强制资产剥离是对财产权的重大干预。因此,除非确定没有其他同样有效的救济措施且该种干预与预期效益成比例,否则不采取资产剥离措施。

可行性

4.5　无论是独立所有权还是由市场上现有参与者控制,资产包必须是可行的。可行性要求被剥离的业务能够对市场中的其他生产商构成有效的竞争威胁,同时保持盈利。很可能需要更大的资产剥离方案才能创造一个可行的竞争对手。①

4.6　竞争委员会一般认为,与从现有企业中提取的资产包相比,一个完整的现有业务更具可行性。在评估资产包剥离方案的可行性时,竞争委员会不仅考虑要转让的有形资产,还应当考虑知识产权、客户关系、员工专业知识和任何必要的监管许可。

被剥离资产的销售价值

4.7　一般而言,只要救济措施的有效性得到保留,并且资产剥离及时进行,竞争委员会将允许企业尽可能自由地选择剥离资产的方式。这些企业通常应当负责销售资产包。竞争委员会不会施加可能对资产出售价值产生不利影响的条件,除非为保持救济措施的有效性而必须这样做。②

4.8　竞争委员会通常会为企业出售资产设定最后期限。如果企业无正当理由未能在截止日期前完成,则竞争委员会应当采取措施确保资产出售——通常是指定第三方作为受托人,有权处置资产。指定受托人所产生的费用和其他费用通常由资产剥离方承担。

4.9　竞争委员会还可以限制剥离资产的购买者类型或特定身份。在

---

① 例如,可能要求剥离整个工厂或整个连锁商店,即使它们所服务的某些产品或地区仅面临竞争问题。

② 例如,通常不会在出售前公开对被剥离资产的竞标时间或允许竞标者的限制(见下文),因为它们可能会增强买方的议价能力。

进行尽职调查之前,剥离资产的企业必须获得竞争委员会对优先购买者的批准。如果竞争委员会认为潜在买家不会利用这些资产在相关市场中进行有效竞争,则竞争委员会可能会拒绝。

4.10 如果资产不能出售给竞争委员会可以接受的任何买家,竞争委员会将考虑允许出售给较可接受的买家。然而,在这样做之前,它将评估销售过程的各个方面(如最低价格)是否有效地阻止任何可接受的买家投标。如上文所述,委员会可委任一名资产剥离受托人,以确保情况并非如此。

4.11 一旦资产出售完成,资产剥离的救济措施通常无须竞争委员会的监督或执行。但是,作为剥离令(或接受承诺)的一部分,竞争委员会通常会规定,剥离的资产不能由剥离企业回购(或以其他方式重新归其控制)。这项禁令应当受日落条款限制,通常为10年。

救济措施中的知识产权(如果涉及)

4.12 无论是作为一种单独的救济措施,还是附随有形资产的剥离,竞争委员会都可能要求出售知识产权,以促进相关市场的竞争。例如,知识产权可能是被剥离业务的固有组成部分(如商标或品牌名称),知识产权的缺失将大大削弱剥离方案的竞争力。

4.13 作为剥离资产一部分的知识产权可以出售或许可。总的来说,竞争委员会倾向于通过出售来完全转让知识产权,以减少新旧资产所有者之间联系的需要。如果知识产权只能获得许可,竞争委员会必须批准许可条款,以确保它们不会降低剥离方案的竞争效果。

行为性救济措施

4.14 “行为性救济措施”一词涵盖了多种可能的干预措施,这些干预措施都旨在改变市场参与者的行为。如前所述,竞争委员会更倾向于采取促进和保护竞争本身的救济措施,而不仅是减轻竞争不足的影响。

监督和执行

4.15 行为性救济措施可以采取竞争委员会命令或由有关各方作出承诺的形式。如下所述,这些命令或承诺需要监督,并且可能需要定期审查。

4.16 在评估各种救济措施的比例性时,竞争委员会将考虑监督和执行的费用。一般而言,竞争委员会对造成问题的当事方所承担的费用的重视程度低于对第三方、公共部门或竞争委员会本身造成的费用。如有可能,竞争委员会将设法使其自己执行救济措施，例如，将其体现在商业合同中，而交易对手应当有兴趣执行这些救济措施。如果必须代表竞争委员会进行监督和执行，竞争委员会将尽量确保费用主要由过错企业承担。

4.17　所有行为性救济措施均应包含由特定日期或一组客观情况触发的审查安排。审查无须像竞争委员会最初的调查那样密集。因此，在允许的情况下，竞争委员会将在作出初始命令（或接受承诺）时制定解除救济措施的明确标准。所有行为性救济措施都应当包含日落条款，通常为10年，以确保如果不经过审查，这些条款将失效。

扶持措施

4.18　所谓扶持措施，是指为新进入者创造更好的机会或允许较小的现有竞争者扩大行为性救济措施。例如，垂直整合的企业可能需要从竞争对手购买某些必需品，而非从其上游供应商那里购买，这是一类救济措施，即“准入措施”。准入措施通常迫使企业采取违背其激励措施行事，以最大限度地提高利润，因此，如果要使这些措施有效，并尽量减少对正常竞争造成的扭曲，就需要非常仔细的设计和监控。

4.19　当发现大型企业滥用垄断地位（或通过并购来获取此种地位）时，可以采用行为性救济措施来替代资产剥离，使新进入者或规模较小的现有参与者能够更有效地竞争。这些措施可能包括限制垄断企业与客户或供应商签订长期或排他性合同的能力，或可能涉及更复杂的措施，如对捆绑产品、折扣或其他营销和定价手段的限制。

4.20　竞争委员会注意到，这些措施除难以被行政机关执行之外，本身还会扭曲竞争。它们只是暂时降低市场竞争程度，因此，在选择这一方法之前，必须使竞争委员会确信，这种限制从长远来看对促进竞争是必要的。

4.21　就其性质而言，扶持措施必须有时间限制。它们旨在通过鼓励进入来促进竞争。一段时间之后，要么成功（则不必要了），要么失败。无论哪种结果，它们都会被取消。

信息性救济措施

4.22　竞争问题变得越是尖锐，消费者对竞争替代品也越是困惑。作为对普遍竞争失败的一种救济措施，或者为了纠正由于信息匮乏所引发的特定问题,竞争委员会可能会要求企业提供更多信息。[①] 换言之,企业可能需要提醒消费者注意其竞争对手的存在,取消或修改其购买决定的程序(如"冷静期"),以便消费者更加便利地转向其竞争对手。

4.23 与竞争委员会的决定相比,政府制定一般消费者条例是长期保护消费者更好的办法,而竞争委员会的决定只适用于已接受调查的企业。

价格管制救济措施

4.24 该法特别允许竞争委员会对违反其第44条至第46条(垄断情形)的行为以及并购行为,可以要求企业停止或修改一种活动或行为方式,包括与价格有关的行为。因此,竞争委员会可以发出控制价格的指示。

4.25 竞争委员会无权控制总体经济形势中的价格。任何价格管控只能在调查后,在个案基础上,对违反《竞争法》或可能导致竞争显著减少的并购行为进行。价格管控只能对被发现违反该法的企业实行,而不能对活跃在市场上的其他企业实行。竞争委员会不是价格监管机构,其只能根据投诉进行干预以降低价格。

4.26 作为滥用垄断权力或反竞争并购的救济措施,管控价格能力是竞争委员会一项强有力的手段,但需要谨慎使用。竞争委员会将自由竞争视为为消费者和整体经济带来良好结果的最佳保证。因此,它期望价格管控能够成为增强或保护竞争救济措施的次佳选择。

4.27 价格管控的好处是可以为因垄断影响而承受高价格的消费者提供快速、直接的救济。但是,与自由竞争相比,价格管控也可能效率低下、实施成本高昂并且扭曲竞争。必要时采取价格管控,以防止企业利用极端垄断地位(或促进政府的其他目标,尽管这不是竞争委员会的职责)。然而,这应当被视为解决竞争失败的最后措施。

4.28 如果竞争委员会将价格管控作为救济措施,则将具体规定该救济措施应当在何种情况下被取消,与取消其他行为性救济措施相同。如果预计应当无限期地进行价格管控(例如,如果竞争委员会已经根据毛里求斯的市场规模确定了一个自然垄断的市场,并预计垄断是不可避免的),那么建议政府在该部门实施价格管控,而不是通过委员会根据个案作出决定。

---

① 例如,提供产品具有复杂收费结构的企业可能需要采用简化或标准化的计费方式,或者对产品("小字样")进行更明确的限制。

给政府的建议

4.29　除竞争委员会本身采取的这些行动外，竞争委员会可向政府提出不具有约束力的建议。这在两种通常情况下是适当的。

4.30　第一，当竞争委员会经过调查得出结论认为，某些政府政策或管制措施具有限制竞争的问题，竞争委员会可以提出删除或修改的建议。但是否采取建议取决于政府，因为只有政府才能考虑其政策的效果，而不是对竞争的影响。

4.31　第二，如果竞争委员会的调查结果认为，似乎有必要对某些事项制定长期管制措施，那么政府立法或以其他方式引入管制措施可能比竞争委员会采取行为性救济措施更好。同样，任何此类建议都不具有约束力，并且竞争委员会通常会在建议的基础上提出自己的救济措施，作为临时措施或后备措施，如果政府采取行动，则应予以删除或修改。

图书在版编目(CIP)数据

反垄断罚款指南 / 王健主编. -- 北京 : 法律出版社, 2021
ISBN 978-7-5197-5096-1

Ⅰ. ①反… Ⅱ. ①王… Ⅲ. ①反垄断法-研究 Ⅳ. ①D912.290.4

中国版本图书馆 CIP 数据核字(2020)第 217026 号

反垄断罚款指南
FANLONGDUAN FAKUAN ZHINAN

王 健 主编

策划编辑 沈小英
责任编辑 刘晓萌
装帧设计 李 瞻

出版 法律出版社
总发行 中国法律图书有限公司
经销 新华书店
印刷 固安华明印业有限公司
责任校对 王晓萍 王语童
责任印制 吕亚莉

编辑统筹 法治与经济出版分社
开本 710 毫米×1000 毫米 1/16
印张 14.5
字数 255 千
版本 2021 年 1 月第 1 版
印次 2021 年 1 月第 1 次印刷

法律出版社/北京市丰台区莲花池西里 7 号(100073)
网址/www. lawpress. com. cn
投稿邮箱/info@ lawpress. com. cn
举报维权邮箱/jbwq@ lawpress. com. cn
销售热线/400-660-8393
咨询电话/010-63939796

中国法律图书有限公司/北京市丰台区莲花池西里 7 号(100073)
全国各地中法图分、子公司销售电话:
统一销售客服/400-660-8393/6393
第一法律书店/010-83938432/8433
西安分公司/029-85330678
重庆分公司/023-67453036
上海分公司/021-62071639/1636
深圳分公司/0755-83072995

书号:ISBN 978-7-5197-5096-1
定价:76.00 元